1 三年生のふく習(1)

目標時間 20分

合かく 100点 80点

●ふく習のめやす
3年生の学力チェックテストなどで
しっかりふく習しよう!

とく点 点 100点

©くもん出版

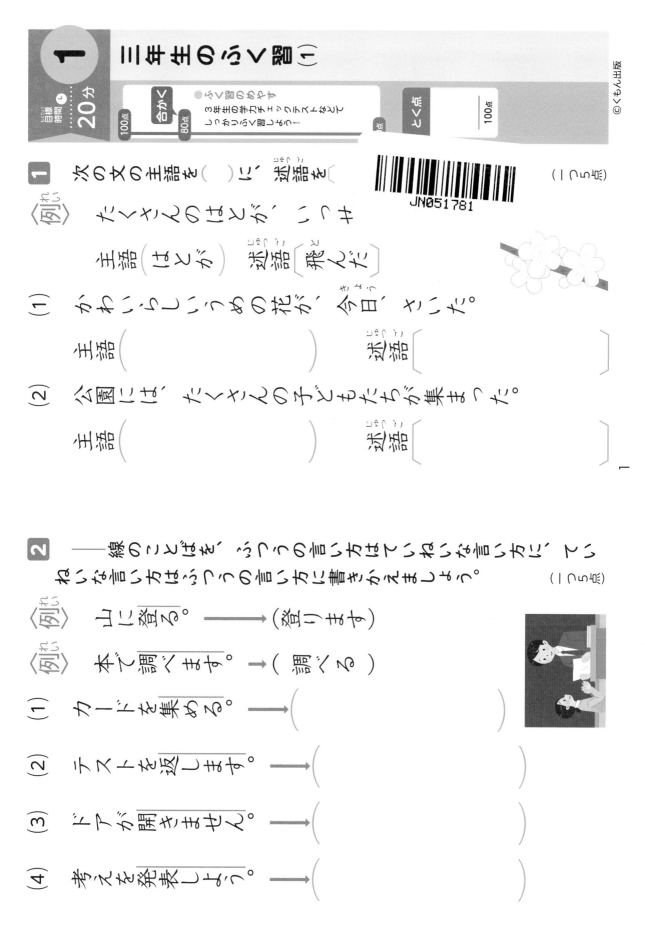

1 次の文の主語を（　）に、述語を〔　〕に　　　　　（一つ5点）

〈例〉 たくさんのはとが、いっせいに

主語（はとが） 述語〔飛んだ〕

(1) かわいらしいうめの花が、今日、さいた。

主語（　　　　　） 述語〔　　　　　〕

(2) 公園には、たくさんの子どもたちが集まった。

主語（　　　　　） 述語〔　　　　　〕

2 ──線のことばを、ふつうの言い方はていねいな言い方に、ていねいな言い方はふつうの言い方に書きかえましょう。　　　　　（一つ5点）

〈例〉 山に登る。 ──→（登ります）

〈例〉 本で調べます。 →（ 調べる ）

(1) カードを集める。 ──→（　　　　　）

(2) テストを返します。 ──→（　　　　　）

(3) ドアが開きません。 ──→（　　　　　）

(4) 考えを発表しよう。 ──→（　　　　　）

1

3 同じ部分をもつ漢字を□に書きましょう。（一つ4点）

(1) □（ふか）い谷。 火を□（け）す。 お茶を□（そそ）ぐ。

(2) 給食（きゅうしょく）の□（かかり）。 道具を□（つか）う。 父の□（し）事（ごと）。

4 送りがなのまちがっていることばに――線を引き、右側（みぎがわ）に正しく書き直しましょう。（一つ8点）

〈例（れい）〉 重い荷物を 運こぶ。（運ぶ）

(1) 思いきり走ったので、息が苦るしい。

(2) 読み終わった新聞紙を重さねる。

5 次のことばを、ローマ字で書きましょう。（一つ4点）

(1) さくら

(2) 風船

(3) らっぱ

(4) 本屋

(5) 病院

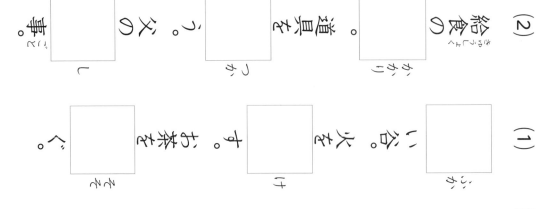

★　次の文章を読んで、下の問題に答えましょう。

人なつこくて自由な性かく、人の助けになる訓練ができることから、もうどう犬は目の代わりとなって、目の不自由な人を助けます。

もうどう犬の、きびしい訓練が始まります。

① さいしょは、人間の言うことに訓練をした犬が訓練です。

② 訓練をする人は、「カム」(来い)、「ダウン」(ふせろ)、「シー」などのように、英語で命令を出します。犬は、その言葉を少しずつおぼえて、命令のとおりにできるようになっていきます。

③ いちばんむずかしいのは「ウェイト」(待て)という命令です。もともと活発な動物である犬にとって、次の命令があるまでじっとしていることは、なかなかなのです。

④ しかし、たとえば駅で電車を待つときに、もうどう犬が勝手に動いたら、目の不自由な人が強くなければなりません。□、もうどう犬はがまん強くなければなりません。じっと待つことができなければなりません。

(1) 最初の訓練は、どんな訓練ですか。(10点)

[　　　　　　　　訓練。]

(2) ②のまとまりに書かれている「命令のことば」を三つ書きましょう。(一つ5点)

[　　　　　　　　]

[　　　　　　　　]

[　　　　　　　　]

(3) なぜ「ウェイト」の命令がいちばんむずかしいのですか。(10点)

[　　　　　　　　]

(4) □に合うことばを一つ選んで、○をつけましょう。(5点)

ア(　)ところが

イ(　)ですから

ウ(　)それから

3

（平）
成27年度版
東京書籍
『新編 新しい国語 三下』
吉原幸子・権藤花代
51〜54ページ
うんてんし

〔　　　〕
部分要約

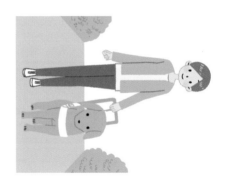

はこぶことができるのも、その人が「ゴー」の訓練をくりかえしてきたからです。

おなじように進めという命令を出す所では、電柱のかげにかくれている人が一度

「ゴー」の__訓練__をしているからです。

その人が進めという命令を出している所では、自動車がはしっています。

5 ──線は、次は、安全に人をはこべるように訓練していく。

6 （一部省略）

──線は、次は、安全に人をはこべるように訓練していく。

7 に、止まれという転ばっている人が、電柱のかげにかくれているようです。

これは、止まっている人がいるようです。

──線は、止まれという命令を出す人が、電柱のかげにかくれているようです。

その人が、止まれという命令を出しているときには、数えるほうは、それだけの前で止まったほうは、数えるほど前で止まったり、あるいは、それだけの前で止まったりするた

（一部省略）

②
後半は、□の　を書きかえます。から後は、大きく書きへんに　

（7）──線「この__訓練__」の上の　__訓練__　線を引きますか。上の文章の右がわにな

ア（　）
イ（　）
ウ（　）

使いせんたくなどのつためにうごかす人が「と」使いせんたくなどにうごかす　命令を出していますか。数

（6）犬に「と」える命令を○でかこみましょう。選ぶのはしたがわないでしょう。

物で説明の例れを書きますか。やさしく説明しているとしてしていますか。二つ場所

（5）

② □の　を書きから後は、大きく　書きへんに

（1）後半は、まります。から後は、□〜⑥
（一点つ10分）

（8）──線を引きますか。上の文章は、右がわにな
（一点つ10分）

4

き本の問題のチェックだよ。
できなかった問題はしっかり学習してから
完成テストをやろう！

とく点 ／100点

関連ドリル

●漢字は学年のまとめなので、
ページははじめにのせていません。

© くもん出版

〈一通りの漢字の読み〉

1 次の──線の漢字の読み方を書きましょう。 (一つ4点)

24点

全部できたら

(1)
水を 加（　　　）える。
魚を 加（　　　）工する。

(2)
家の 辺（　　　）り。
岸 辺（　　　）の花。

(3)
必（　　　）ず言う。
必（　　　）要な水。

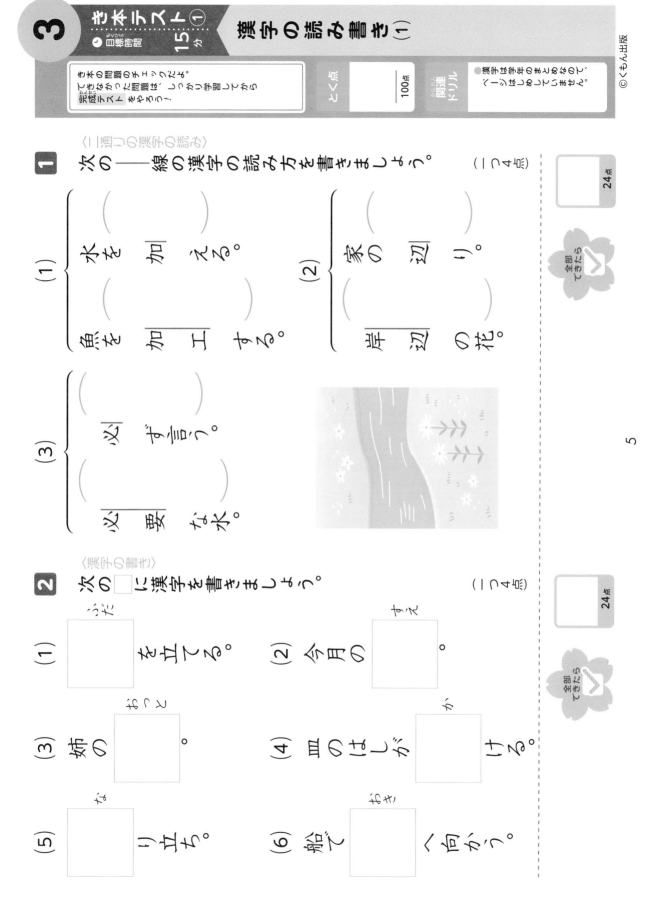

〈漢字の書き〉

2 次の□に漢字を書きましょう。 (一つ4点)

24点

全部できたら

(1) ［ふだ］を立てる。

(2) 今月の［すえ］。

(3) 姉の［おっと］。

(4) 皿のはしが［か］ける。

(5) ［な］り立ち。

(6) 船で［おき］へ向かう。

5

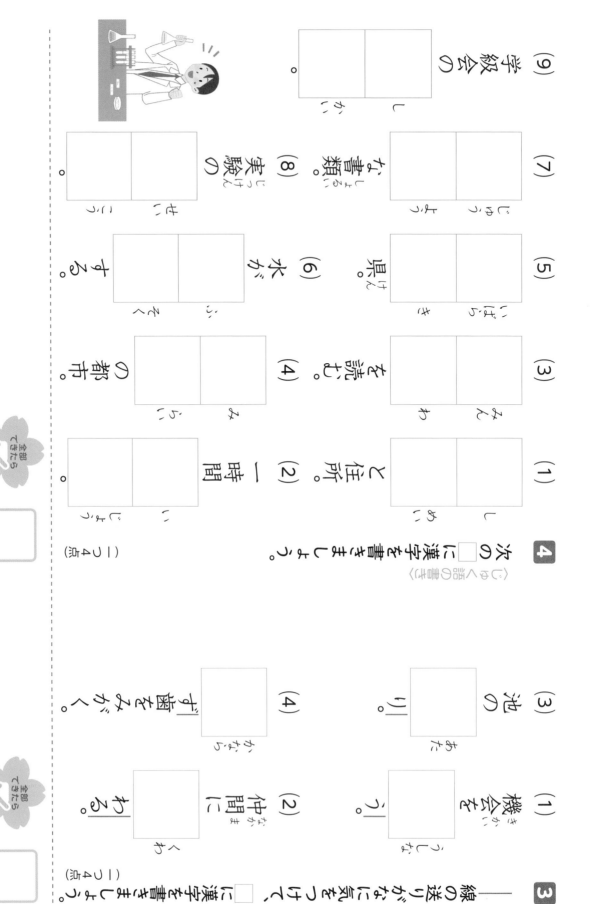

4 次の□に漢字を書きましょう。〈ていねいに書く〉

36点（1つ4点）

(1) □□と住所。

(2) 一時間と□□。

(3) □□を読む。

(4) □□の都市。

(5) □□県に。

(6) 水が□□する。

(7) □□な書類に。

(8) 実験の□□。

(9) 学級の□□。

3 ——線の□のおくりがなに気をつけて、□に漢字を書きましょう。〈送りがなに注意する漢字〉

16点（1つ4点）

(1) 機会を□う。

(2) 仲間に□わる。

(3) 池の□り。

(4) □歯みがきが□える。

とく点　　　/100点

かんれん
関連ドリル　●漢字

© くもん出版

〈何通りかの漢字の読み〉

1 次の──線の漢字の読み方を書きましょう。 （一つ4点）

16点

全部できたら ✓

(1)
（　　　）　冷たい水。　　（　　　）体が冷える。

（　　　）お湯を冷ます。　（　　　）冷ぞう庫。

〈漢字の書き〉

2 次の□に漢字を書きましょう。 （一つ4点）

28点

全部できたら ✓

(1) しるし
□をつける。

(2) 都道ふ□県けん。

(3) 年とし□おいた犬。

(4) 鳥の□むれが飛とぶ。

(5) 兄弟の□なかが良よい。

(6) 一いっ□ちょう円えん。

(7) □すきな本。

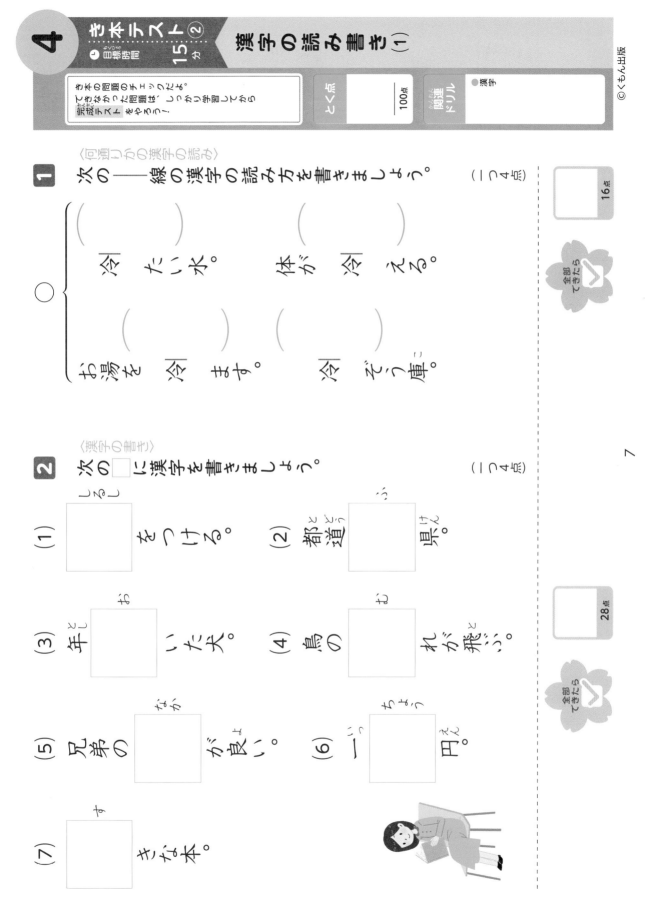

7

4 次の□に漢字を書きましょう。
〈つめの書きとり〉

1つ4点　32点
全部できたら◎

(1) □□の話題。

(2) 新しい□□。

(3) □□をかける。

(4) □□てする。

(5) 港の□□。

(6) 公園の□□。

(7) 全国□□。

(8) 紙に□□する。

---

3 ――線の送りがなに気をつけて、□に漢字を書きましょう。
〈送りがなのある漢字〉

1つ4点　24点
全部できたら◎

(1) □し。

(2) 学校の□まり。

(3) 紙で□む。

(4) 変化に□む。

(5) □い。

(6) ゆう勝を□める。

©くもん出版

合かく

100点 80点 0点

●ふく習のめやす
きほんテスト・関連ドリルなどで、しっかりふく習しましょう。

とく点

100点

関連ドリル
●漢字

1 ──線のことばを漢字と送りがなで書きましょう。 (1つ4点)

(1) 話を<u>つたえる</u>。

( )

(2) 気を<u>うしなう</u>。

( )

(3) <u>かならず</u>行く。

( )

(4) 力を<u>くわえる</u>。

( )

(5) <u>つめたい</u>飲み物。

( )

(6) 言いあらそう。

( )

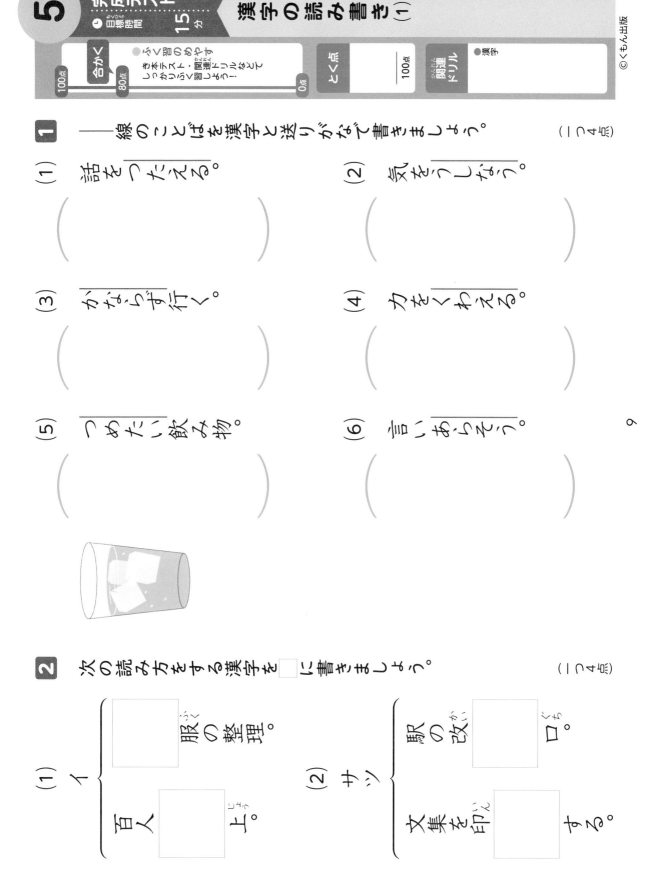

2 次の読み方をする漢字を □ に書きましょう。 (1つ4点)

(1) フク
　{ 　服ぶくの整理。
　{ 　百人□上。じょう

(2) カイ
　{ 　駅の改かい□口。ぐち
　{ 　文集を印いん□する。

4 次の□の形に気をつけて、□に漢字を書きましょう。 （1つ4点）

（1）
海の　□。
大切な　□間。

（2）
実験に　□し、
美しく　□て敗する。

（3）
地方の　□話。
□名を書く。

（4）
犬に　□い命。
大型だ　□い。
大に　□ぞう庫。

（5）
物語の結　□。
明るい　□み来。

（6）
大阪か　□ぶ。
駅の　□ん近。

3 次の読み方をする漢字を□に書きましょう。 （1つ4点）

○ セイ
□安んにする。
子どもの□長。
□反する。

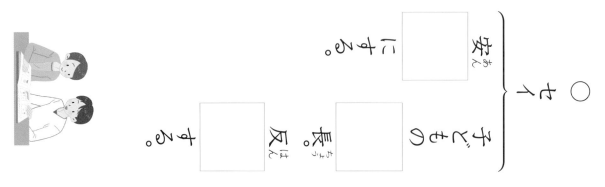

本の問題のチェックだよ。
できなかった問題は、しっかり学習してから
完成テストをやろう！

とく点

100点

©くもん出版

関連ドリル　●漢字

〈二通りの漢字の読み〉

1 次の――線の漢字の読み方を書きましょう。　(一つ4点)

24点

全部できたら

(1)
（　　　）
百の　位。

（　　　）
方位　をしめす。

(2)
（　　　）
答えを　求　める。

（　　　）
強く　要求　する。

(3)
（　　　）
初夏　のころ。

（　　　）
初雪　がふる。

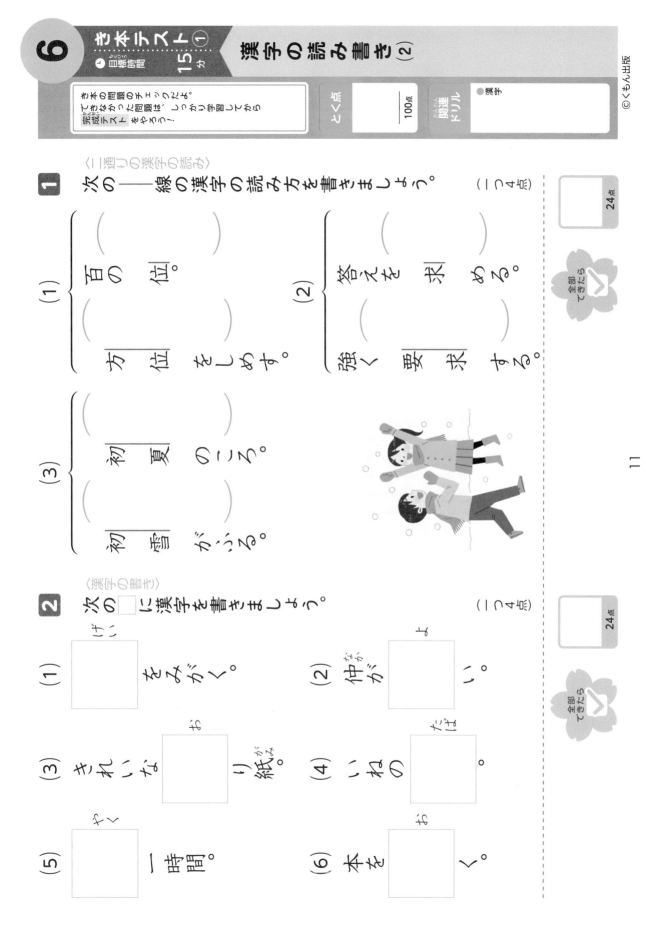

〈漢字の書き〉

2 次の□に漢字を書きましょう。　(一つ4点)

24点

全部できたら

(1) げい
□をみがく。

(2) よ
仲が□い。

(3) きれいな お
□り紙。

(4) いね の たば
□。

(5) やく
□一時間。

(6) 本を お
□く。

11

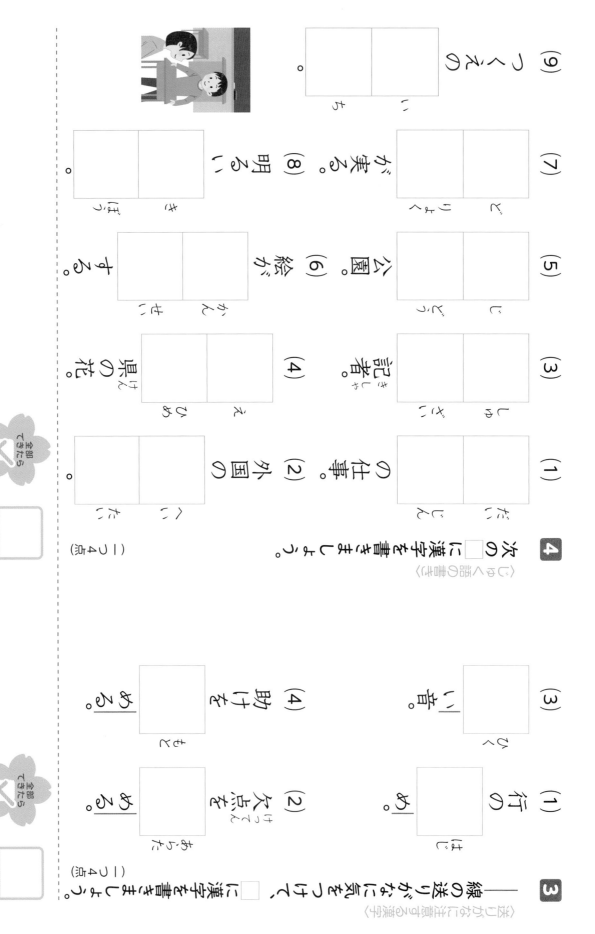

4 次の□に漢字を書きましょう。〈1もん4てん〉　36点

(1) □□の仕事。
（だ／し）

(2) 外国の□□。

(3) □□（記者）。
（しゅ）

(4) 県の□□の花。
（え／ひめ）

(5) □□（公園）。
（とじ）

(6) 絵が□□。
（かん・せい）

(7) □□が実る。
（と・き）

(8) 明るい□□。
（き・ぼう）

(9) □□の……。
（ち・い）

全部できたら ◎

---

3 〈読みにも注意が必要な漢字〉

——線の送りがなに気をつけて、□に漢字を書きましょう。〈1もん4てん〉　16点

(1) □行のはじ□。
（はじ）

(2) 欠点をあらた□る。
（あらた）

(3) □い音。
（ひく）

(4) 助けをもと□る。
（もと）

全部できたら ◎

16点

© くもん出版

きほんテストは、問題のチェックだよ。
できなかった問題はしっかり学習してから
完成テストをやろう！

とく点 　　　/100点

関連ドリル ●漢字

© くもん出版

〈二通りの漢字の読み〉

1 次の――線の漢字の読み方を書きましょう。 (一つ4点)

24点

全部できたら ✓

(1)
病気が 治 る。 （　　　　）

国の せい 治。 （　　　　）

(2)
よく 働 く。 （　　　　）

労 働 時間。 （　　　　）

(3)
指の 節。 （　　　　）

音を 調 節 する。 （　　　　）

〈漢字の書き〉

2 次の□に漢字を書きましょう。 (一つ4点)

20点

全部できたら ✓

(1) まつ □ の 木。

(2) 長い □ くだ 。

(3) 妹が □ なく 。

(4) けしき □ かん 。

(5) 朝顔の □ め が 出る。

13

④

次の □ に漢字を書きましょう。

（1つ4点）　32点　全部できたら◎

(1) □□（えい・ご）

(2) □□（き・り）の木

(3) □□（こう・つう）の車を □□ する

(4) チームの □□（きょう・りょく）

(5) 使用 □□（ほう・ほう）

(6) 国語の □□（さく・ぶん）

(7) □□（き・ちょう）を □□ 暑い

(8) 暑い □□（しょ・しょ）

③

——線の送りがなに注意して、□ に漢字を書きましょう。

〈送りがなに注意する漢字〉

（1つ4点）　24点　全部できたら◎

(1) 日光を □ びる（あ）

(2) 糸を □ す（せ）

(3) 国を □ める（おさ）

(4) 約束を □ べる（ならべ）

(5) お □ れ（わか）

(6) 会社で □ く（はたら）

□ たす（は）

□ す（は）

8 完成テスト ● 目標時間 15分

漢字の読み書き(2)

合かく 100点 80点 0点

とく点 □100点

関連ドリル ●漢字

©くもん出版

1 ——線のことばを漢字と送りがなで書きましょう。 (1つ4点)

(1) 水をあびる。

（　　　　　　　）

(2) 年のはじめ。

（　　　　　　　）

(3) ひくい山。

（　　　　　　　）

(4) ひもをむすぶ。

（　　　　　　　）

(5) いたみがおさまる。

（　　　　　　　）

(6) 気持ちをあらためる。

（　　　　　　　）

2 次のように読む漢字を□に書きましょう。 (1つ4点)

(1)
┌ やく □ に立つ。
└ やく 束を守る。

(2)
┌ わ 道が□かれる。
└ わか 兄と□れる。

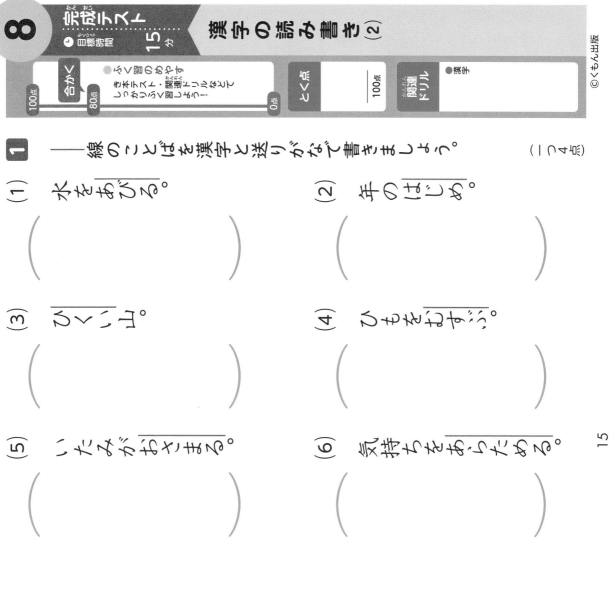

4 形に気をつけて、□に漢字を書きましょう。

(1) 野球（やきゅう）の選手（せんしゅ）。　／　水をとめる。

(2) 農場（のうじょう）ではたらく。　／　はやく〔　〕。

(3) 四（し）きの変化（へんか）。　／　学級（がっきゅう）いいんを買う。

(4) 紙をおる。　／　ボールをう。

(5) 円の直けい（ちょっけい）。　／　□にいがる。

(6) 長さを調（ちょう）する。　／　小さな□に。

3 次の読み方をする漢字を□に書きましょう。

○ カン

・作品（さくひん）が完成（せい）する。□

・○でつの血（けつ）管。　体の器。

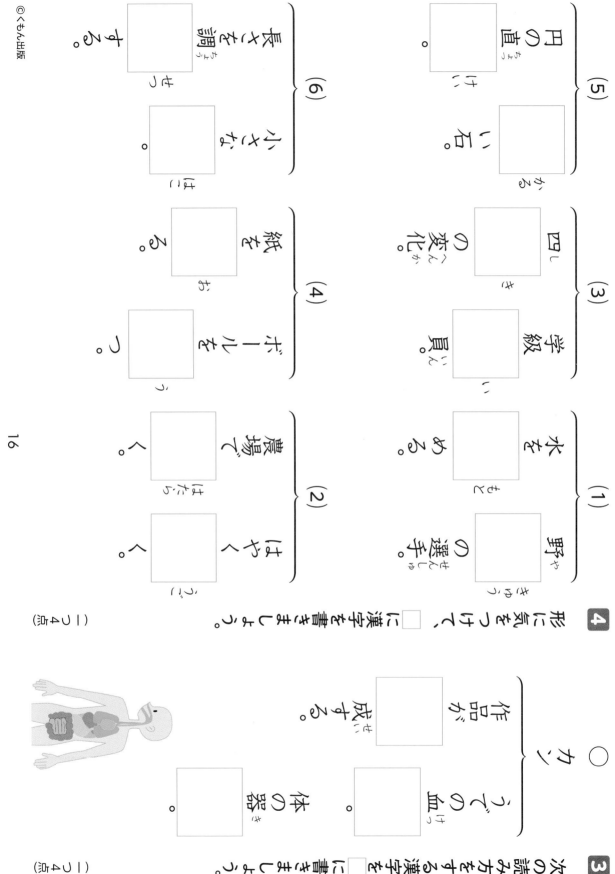

©くもん出版

きほんの問題のチェックだよ。
できなかった問題は、しっかり学習してから
完成テストをやろう!

とく点 ／100点

関連ドリル ●漢字

© くもん出版

〈二通りの漢字の読み〉

1 次の――線の漢字の読み方を書きましょう。 (一つ4点) 24点

全部できたら🌸

(1)
( )家を建てる。
( )建ちく工事。

(2)
( )町が栄える。
( )栄光のゴール。

(3)
( )例えばの話をする。
( )算数の例題。

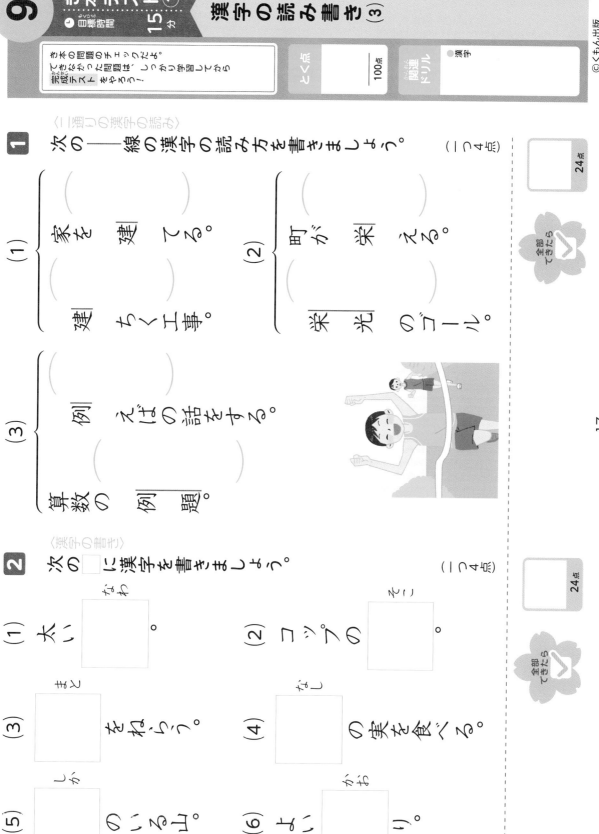

〈漢字の書き〉

2 次の□に漢字を書きましょう。 (一つ4点) 24点

全部できたら🌸

(1) 大い [なわ]。

(2) コップの [たい]。

(3) [まと] をねらう。

(4) [なし] の実を食べる。

(5) [しか] のいる山。

(6) よい [かお] り。

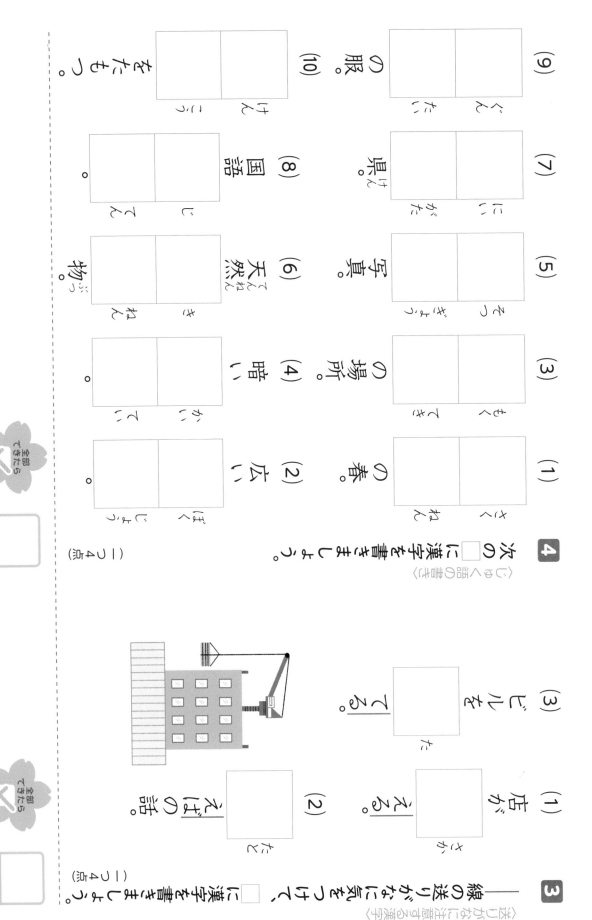

4 次の □ に漢字を書きましょう。
〈つかう漢字〉

40点 （1つ4点）

(1) □ □ の春。
（も へん）（ね ん）

(3) □ □ の場所。
（そ つ）（ぎょう）

(5) □ □ 写真。
（そ つ）（ぎょう）

(7) □ □ 県。
（に いがた）

(9) □ □ の服。
（べ ん）（た ん）

(2) □ □ 広い。
（ほ じょう）

(4) □ □ 暗い。
（か いてん）

(6) □ □ 天然。
（て ん）（ねん）物つ。

(8) □ □ 国語。
（じ てん）。

(10) □ □ をたてる。

---

3 ──線の送りがなに注意して、□ に漢字を書きましょう。
〈送りがなに注意する漢字〉

12点 （1つ4点）

(1) 店が □ く。
（あ く）

(3) ビルを □ てる。
（た てる）

(2) □ なしの話。
（た と）

全部
できたら ○

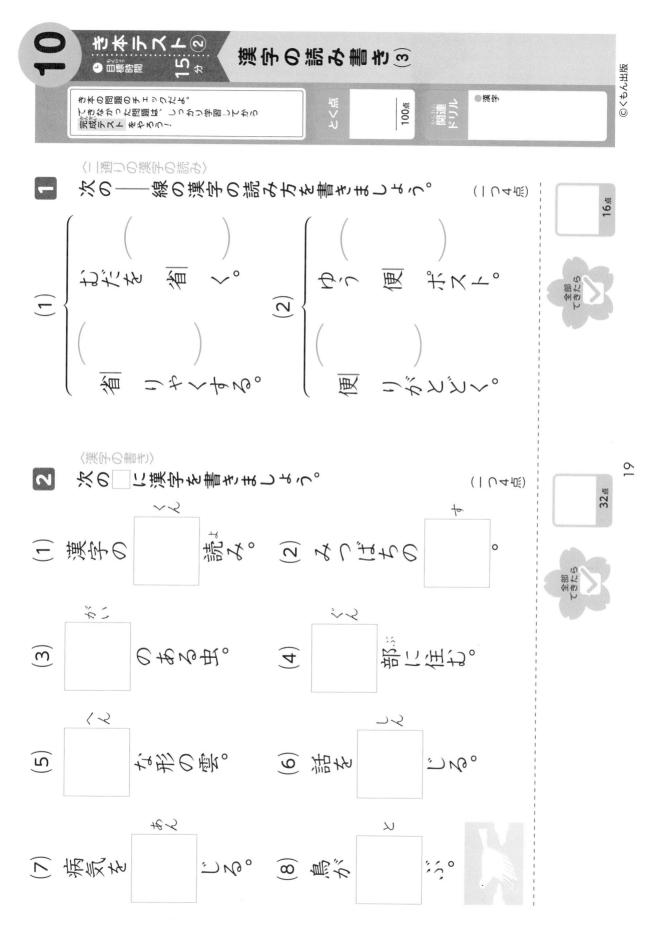

〈二通りの漢字の読み〉

1 次の――線の漢字の読み方を書きましょう。 (一つ4点) 16点

(1)
( ) むだを 省 く。
( ) 省 りゃくする。

(2)
( ) ゆう便 ポスト。
( ) 便 りがとどく。

〈漢字の書き〉

2 次の□に漢字を書きましょう。 (一つ4点) 32点

(1) 漢字の[　くん]読み。

(2) みつばちの[　す]。

(3) [　がい]のある虫。

(4) [　くん]部に住む。

(5) [　へん]な形の雲。

(6) 話を[　しん]じる。

(7) 病気を[　あん]じる。

(8) 鳥が[　と]ぶ。

19

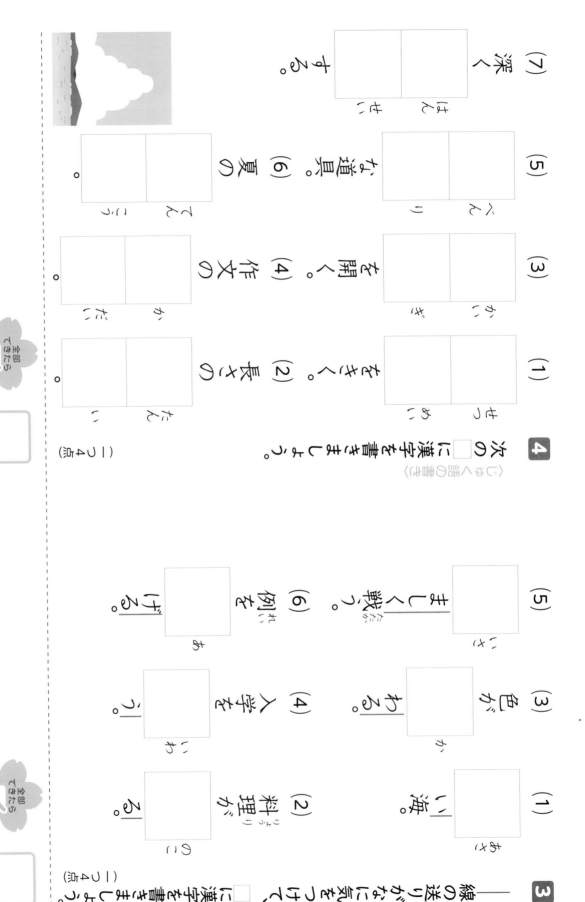

4 次の□に漢字を書きましょう。
〈つかう漢字〉 （1つ4点）　28点　全部できたら○

(1) □□を聞く。（せつ／　）

(2) 長さの□□。（　／い）

(3) □□を開く。（が／き）

(4) 作文の□□。（か／だい）

(5) □□な道具。（べん／り）

(6) 夏の□□。（い／こう）

(7) 深く□□する。（はん／せい）

3 ——線の送りがなに気をつけて、□に漢字を書きましょう。
〈送りがなに注意する漢字〉 （1つ4点）　24点　全部できたら○

(1) □い海。（あつ）

(2) 料理が□る。（の）

(3) 色が□る。（か）

(4) 入学を□る。（わ）

(5) □ましく戦う。（いさ）

(6) 例に□る。（あ）
　　□ける。（あ）

11 完成テスト

⏱目標時間 15分

漢字の読み書き(3)

●ふく習のめやす
●き本テスト・関連ドリルなどでしっかりふく習しよう!
100点 合かく 80点 0点

とく点 ／100点

関連ドリル ●漢字

©くもん出版

1 ——線のことばを漢字と送りがなで書きましょう。 (1つ4点)

(1) 教室に<u>のこる</u>。

（　　　　　　　　）

(2) 国が<u>さかえる</u>。

（　　　　　　　　）

(3) けっこん式を<u>あげる</u>。

（　　　　　　　　）

(4) <u>いさましい</u>歌声。

（　　　　　　　　）

(5) <u>たとえば</u>の話。

（　　　　　　　　）

(6) 新年を<u>いわう</u>。

（　　　　　　　　）

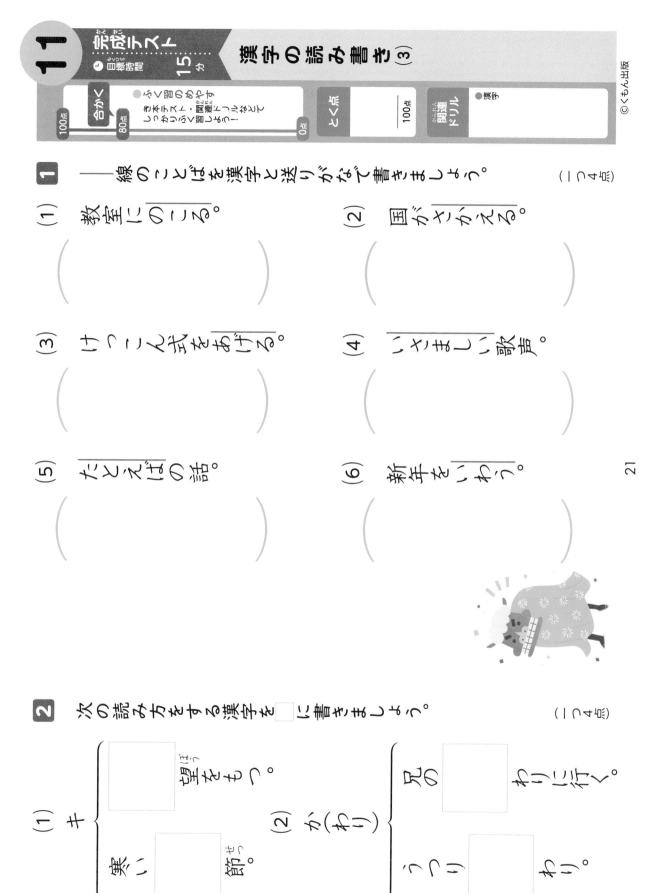

21

2 次の読み方をする漢字を□に書きましょう。 (1つ4点)

(1) キ {
　□望をもつ。
　実に□節う。
}

(2) か(わり) {
　兄の□わりに行く。
　うつり□わり。
}

4 形に気をつけて □に漢字を書きましょう。 (1つ4点)

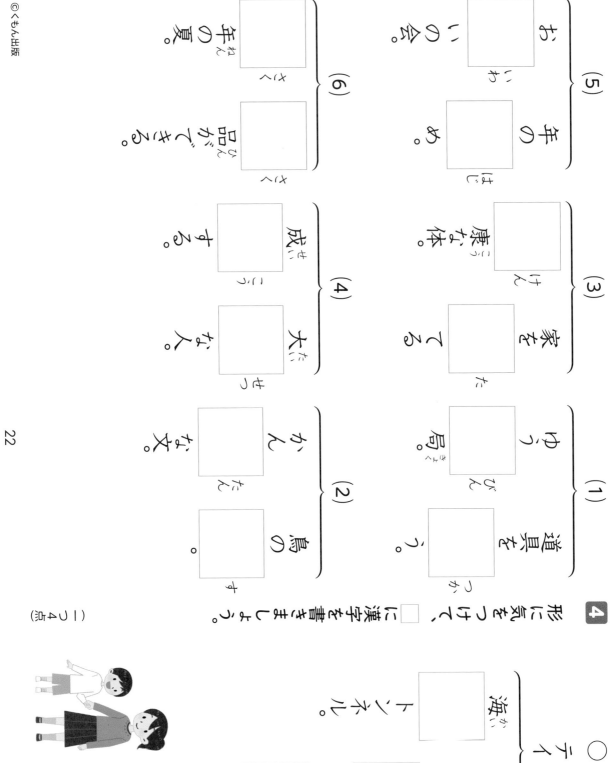

(1) 道具を □□う。／ ゆう□びん局。

(2) □□な文。／ □がたん鳥の□す。

(3) 家を □てる／ 健□な体。

(4) 成□する。／ □大だい人。

(5) □年のはじめ。／ お□にわの会。

(6) □年の夏。／ □ひん品がで□きる。

3 次の読み方をする漢字を □に書きましょう。 (1つ4点)

○海□

イ バスの□よ

テ □トンネル。

□学年の子。

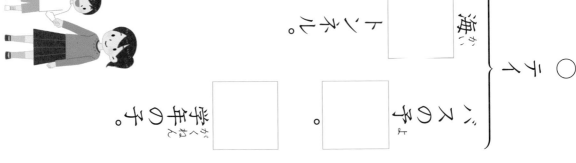

き本の問題のチェックだよ。
完成させきなかった問題やまちがえた問題は、しっかり学習してから
テストをやろう!

とく点

100点

関連ドリル ●漢字

〈二通りの漢字の読み〉

1 次の──線の漢字の読み方を書きましょう。　(一つ4点)

24点

全部できたら

(1)
　着物の（　　）帯。
　（　　）包帯をまく。

(2)
　山が（　　）連なる。
　（　　）連休の予定。

(3)
　古い（　　）城あと。
　（　　）昔の城下町。

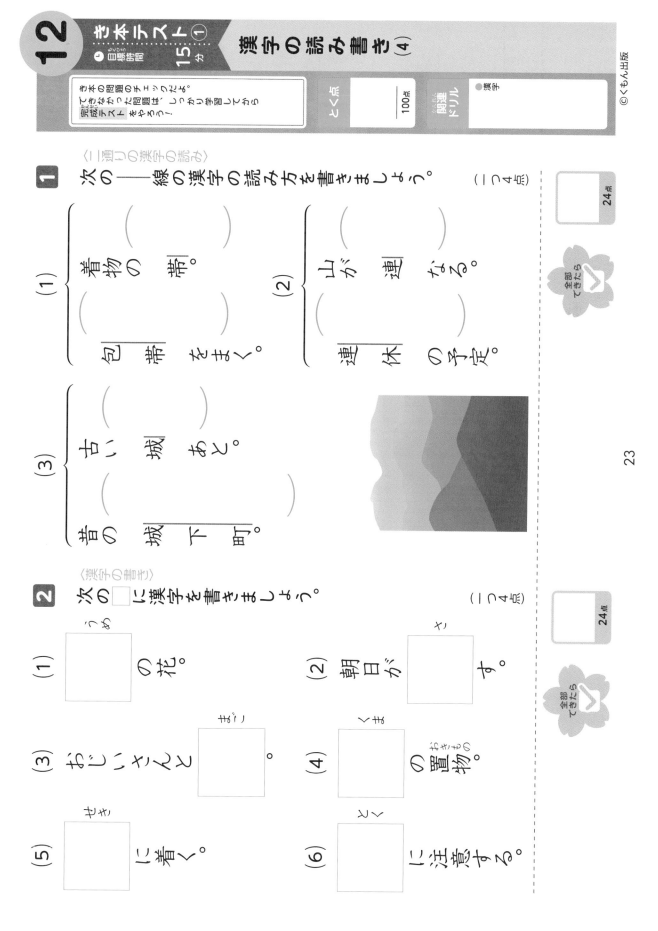

〈漢字の書き〉

2 次の□に漢字を書きましょう。　(一つ4点)

24点

全部できたら

(1) ［うめ］の花。

(2) 朝日が［さ］す。

(3) おじいさんと［まり］。

(4) ［くま］の置物。

(5) ［せき］に着く。

(6) ［くい］に注意する。

4 次の□に漢字を書きましょう。
〈じゅく語の書き〉　（１つ４点）　32点

(1) □□
せ　と

(2) □□会長
かい

(3) 広い□□
そう

(4) □□。
こう

(5) □□列車。
か　し

(6) □□のもの。
とう

(7) □□状。
ねん　が

(8) 工場の□□の時間。
き　かい

□□を集める。
じょう　ほう

全部できたら ✿

---

3 ——線の送りがなに気をつけて、□に漢字を書きましょう。
〈おくりがなに注意する漢字〉　（１つ４点）　20点

(1) かさを□る。
か

(2) 赤みを□びる。
お

(3) □しい顔。
やさ

(4) 弟を□れて□く。
つ

(5) 勝負に□れる。
やぶ

□□で□ぶ。
（□いて）

全部できたら ✿

きほんの問題のチェックだよ。
できなかった問題は、しっかり学習してから
完成テストをやろう！

とく点 　　　／100点

関連ドリル　●漢字

© くもん出版

〈二通りの漢字の読み〉

1 次の――線の漢字の読み方を書きましょう。 (一つ4点)

16点

全部できたら ✓

(1)
(　　　) 最も大きい。
(　　　) 話の最初。

(2)
(　　　) 目を覚ます。
(　　　) 手の感覚。

〈漢字の書き〉

2 次の□に漢字を書きましょう。 (一つ4点)

32点

全部できたら ✓

(1) [な]□の花。

(2) たまごを□[う]む。

(3) 人を補[ほ]□[さ]する。

(4) □[ぱら]の道。

(5) □[あん]の定[じょう]。

(6) 選挙[せんきょ]の□[ひょう]数[すう]。

(7) □[ふく]委員長[いいんちょう]。

(8) 商店[しょうてん]□[がい]。

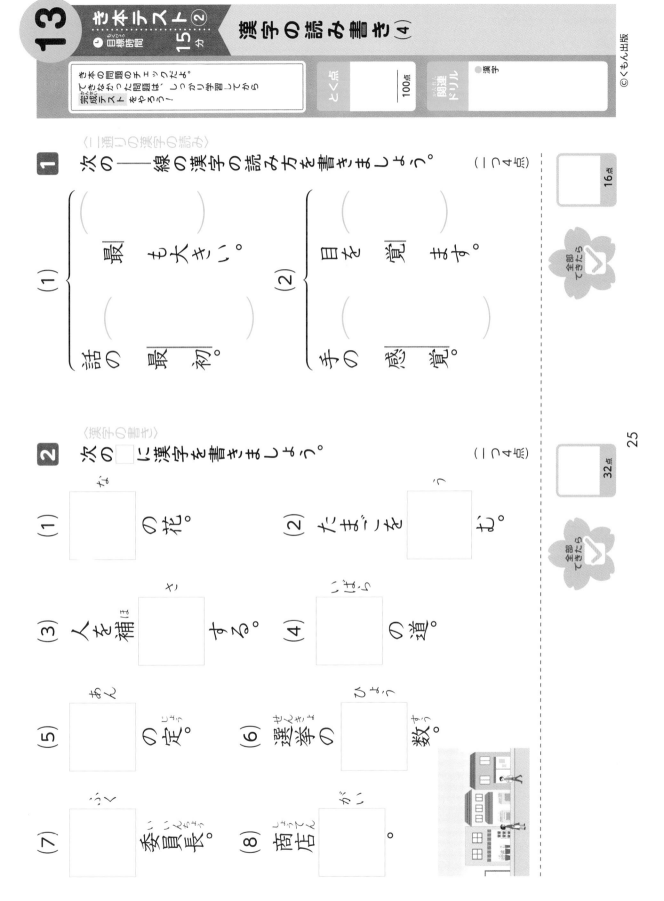

25

4 次の □ に漢字を書きましょう。
〈つかう語の書き〉

36点　（1つ4点）

(1) 道の □□（みぎ・がわ）。

(2) □□（せ・ん）の米。　量（りょう）

(3) □□（ぶ・け）写真。

(4) □□（し・は）する。

(5) □□（が・しょう）の練習。

(6) 学校の □□（がっこう・しゅう）。

(7) □□（なん・きょく）の氷。

(8) □□（たい・りく）。

(9) 新しい □□（もん・ひょう）。

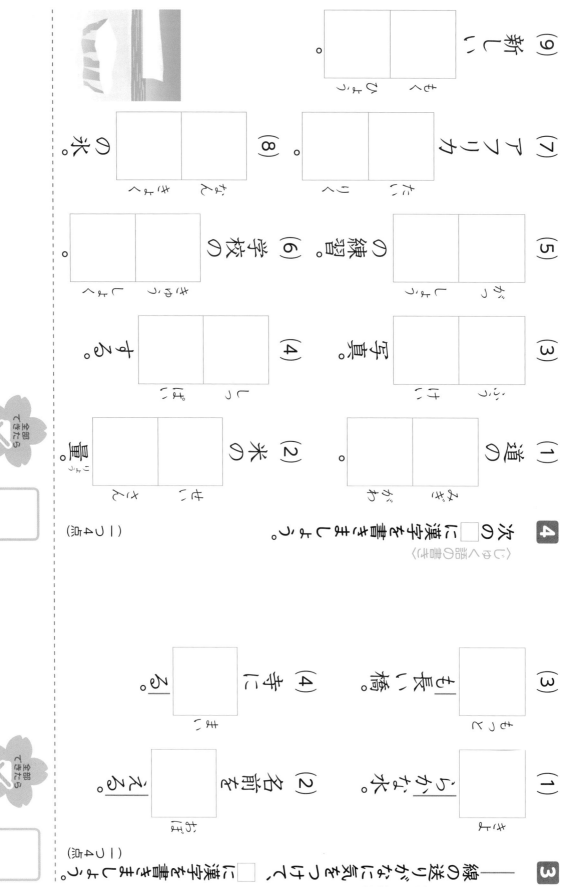

全部できたら ◎

3 ──線の送りがなに気をつけて、□ に漢字を書きましょう。
〈おくりがなのいる漢字〉

16点　（1つ4点）

(1) □（きよ）い水。

(2) 名前を □（おぼ）える。

(3) □（もっと）長い橋。

(4) 寺に □（まい）る。

全部できたら ◎

ⓒくもん出版

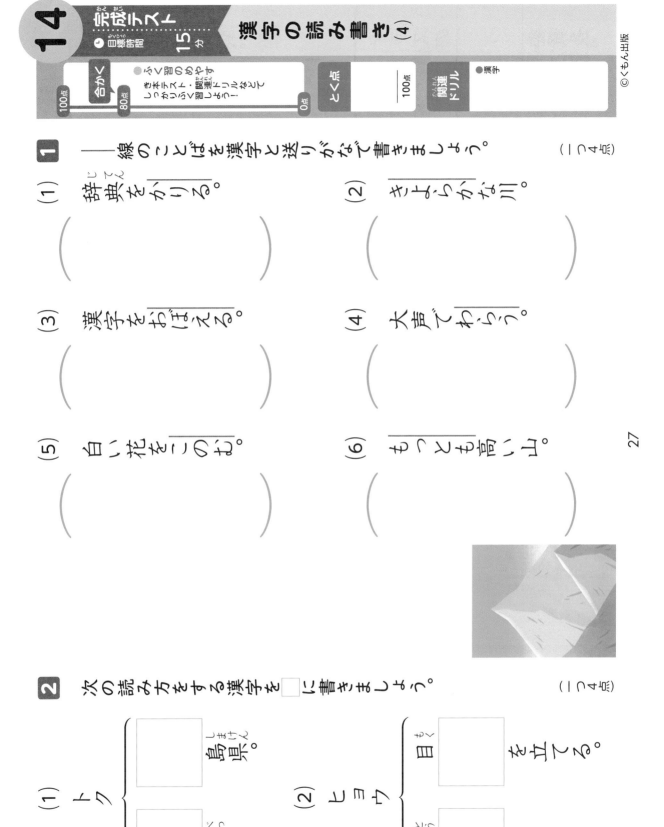

©くもん出版

目標時間 15分

合かく 100点／80点／0点

ふく習のめやす
しあげテスト・関連ドリルなどで しっかりふく習しよう。

とく点 　／100点

関連ドリル ●漢字

---

1 ──線のことばを漢字と送りがなで書きましょう。　(一つ4点)

(1) 辞典を<u>かりる</u>。

（　　　　　）

(2) <u>きよらかな</u>川。

（　　　　　）

(3) 漢字を<u>おぼえる</u>。

（　　　　　）

(4) 大声で<u>わらう</u>。

（　　　　　）

(5) 白い花を<u>つむ</u>。

（　　　　　）

(6) <u>もっとも</u>高い山。

（　　　　　）

27

---

2 次の読み方をする漢字を□に書きましょう。　(一つ4点)

(1) トク
　｛ 　□ 島(しま)県(けん)。
　　 別(べつ)□ な日。｝

(2) ヒョウ
　｛ 目(もく)□ を立てる。
　　 投(とう)□ 用紙。｝

4 形に気をつけて、□に漢字を書きましょう。（1つ4点）

(1)
理り□
工作の材ざい□に
空□。

(2)
□の□
妹が□な
□をたす。
□く。

(3)
図書と□の仕事。
□とまじ子。

(4)
バスの運てん□
□んと言う。

(5)
□ゅう食の時間。
糸を□す。

(6)
□ラスの□
幸□な家庭。
委員長。

3 次の読み方をする漢字を□に書きましょう。（1つ4点）

○ コウ
健けん□　成せい□
□康に注意する。
□をよくする。
おたがいな気
□。

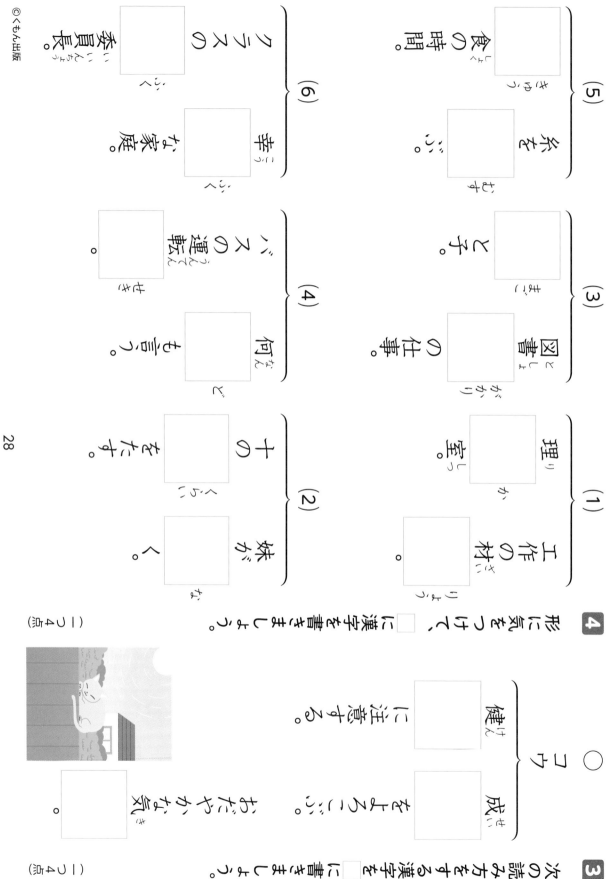

（1つ4点）

きほんの問題のチェックだよ。
できなかった問題は、しっかり学習してから
完成テストをやろう！

とく点

／100点

●漢字
関連ドリル

〈一通りの漢字の読み〉

1 次の──線の漢字の読み方を書きましょう。 （一つ4点）

16点 全部できたら ✓

(1)
（　　　）
水で　満　たす。

（　　　）
満　足　する。

(2)
（　　　）
日が　照　る。

（　　　）
部屋の　照　明。

〈漢字の書き〉

2 次の□に漢字を書きましょう。 （一つ4点）

32点 全部できたら ✓

(1) しお　□　からい味。

(2) さとうの　□りょう　。

(3) あい　□らしい犬。

(4) じゅん　□に走る。

(5) にぎり　□めし　。

(6) 花がち　□　る。

(7) 魚をや　□　く。

(8) な　□い物ねだり。

4 次の □に漢字を書きましょう。〈1つ4点〉　40点　（全部できたら◎）

(1) ［　　］の水。

(2) 美しい［　　］。

(3) ［　　］の時間。

(4) ［　　］する。

(5) ［　　］。

(6) ［　　］県の山。

(7) ［　　］。

(8) ［　　］ゆう便。

(9) ［　　］県。

(10) ［　　　］の会場。　　　の電車。

3 線の送りがなに気をつけて、□に漢字を書きましょう。〈1つ4点〉　12点　（全部できたら◎）

(1) 雨がふり［　］。

(2) 最後まで［　］う。

(3) 道を［　］らす。

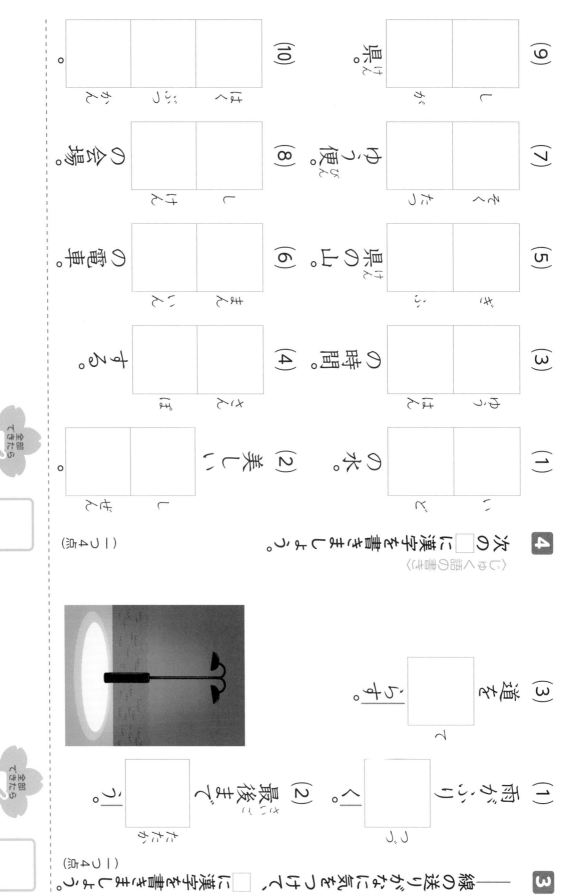

漢字の読み書き(5)

きほんの問題のチェックだよ。
できなかった問題は、しっかり学習してから
完成テストをやろう！

とく点
／100点

関連
ドリル　●漢字

©くもん出版

〈二通りの漢字の読み〉

1 次の――線の漢字の読み方を書きましょう。　(一つ4点)

16点

全部
できたら ✓

(1)
人を 選 ぶ。
（　　　　　　）

野球の 選 手。
（　　　　　　）

(2)
子どもを 養 う。
（　　　　　　）

栄 養 士。
（　　　　　　）

〈漢字の書き〉

2 次の□に漢字を書きましょう。　(一つ4点)

28点

全部
できたら ✓

(1) [はた]□をふる。

(2) 花の[たね]□。

(3) 一[ち]□[おく]年。[ねん]

(4) 荷物を[つ]□む。

(5) [わ]□になる。

(6) 円い[かがみ]□。

(7) [ねつ]□が冷[さ]める。

32

3 ——線の送りがなに気をつけて、□に漢字を書きましょう。

（1つ4点）

16点

(1) □す かな海

(2) □に お茶

(3) □がう（ねが）

(4) 体力を □す（やしな）

---

4 次の□に漢字を書きましょう。（1つ4点）

40点

(1) □□の寺（な・ら）

(2) 親子の □□（かん・けい）

(3) 新□□（く・ぶん）

(4) 消化 □□（き・かん）

(5) 徒□□（きょう・そう）

(6) 教室の □□（めん・せき）

(7) 委員の □□（せん・きょ）

(8) □□色の（しゅ・いろ）

(9) 星の □□。（かん・そく）

(10) 遠洋 □□（ぎょ・ぎょう）

全部できたら◎

1 ──線のことばを漢字と送りがなで書きましょう。 (1つ4点)

(1) 道が<u>つづく</u>。

（　　　　　　　）

(2) <u>しずか</u>に歩く。

（　　　　　　　）

(3) てきと<u>たたかう</u>。

（　　　　　　　）

(4) 暗やみを<u>てらす</u>。

（　　　　　　　）

(5) 幸せを<u>ねがう</u>。

（　　　　　　　）

(6) 家族を<u>やしなう</u>。

（　　　　　　　）

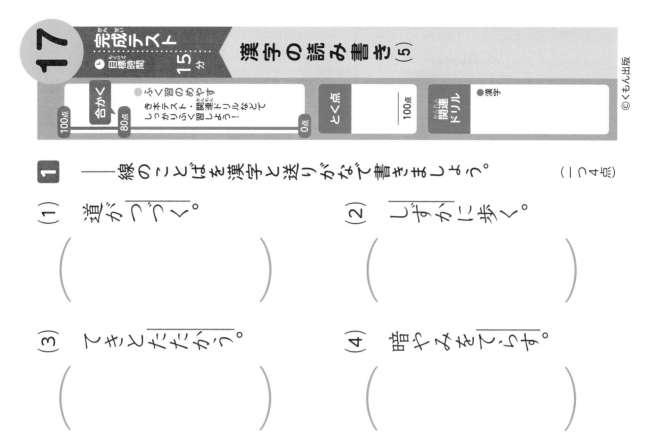

33

2 次の読み方をする漢字を□に書きましょう。 (1つ4点)

(1) リョウ
- 水道□金。
- ごみの□。

(2) あつ（い）
- □い日。
- □いお湯。

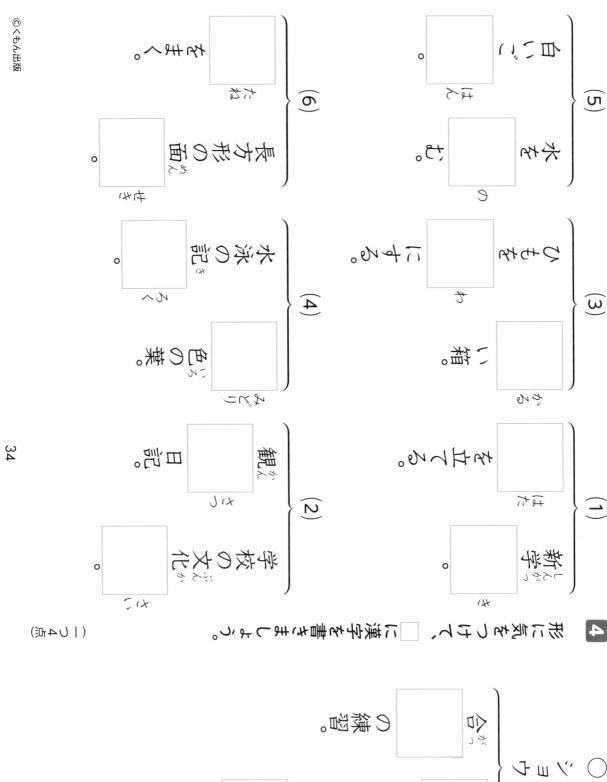

4 形に気をつけて、□に漢字を書きましょう。

（1つ4点）

（1）
新学（はつ）□
。
□（はた）を立てる。

（2）
観（かん）□（つ）日記。
学校の文化（ぶんか）□（さい）。

（3）
ひも（わ）□を。
□（から）い箱。

（4）
水泳（えい）の記□（ろく）。
□（み）色の葉。

（5）
白□（はん）い。
水を□（の）む。

（6）
□（たね）をまく。
長方形の面□（せき）。

3 次の読み方をする漢字を□に書きましょう。

（1つ4点）

〇　ショウ
気（が）□（あ）う練習。
竹梅（ちくばい）の絵。
明（あか）□（るく）を暗くする。

18 きほんテスト① ことばのきまり(1)
・国語辞典の使い方
・漢和辞典の使い方

●目標時間 20分

完成テストをやろう！
にが手な問題はしっかり学習してから
きほんの問題のチェックだよ。

とく点

100点

●関連ドリル
●言葉と文
33〜17
34〜20
ページ

©くもん出版

〈国語辞典に出ている順のならべ方〉

1 国語辞典に出ている順に、番号をつけましょう。

(全部できて一つ7点)

28点

全部できたら

言葉と文 17・18 ページ

(1)
( ) たたかい
( ) たてもの
( ) たいよう

(2)
( ) じんいん
( ) しゃしん
( ) しゅご

(3)
( ) がっき
( ) がっこう
( ) がくしゅう

(4)
( ) かぐ
( ) かぐつ
( ) がくしゃ

〈国語辞典に出ている形〉

2 ——線のことばを、国語辞典に出ている形(言い切りの形)に書き直しましょう。

(一つ6点)

30点

全部できたら

言葉と文 17・18 ページ

〈例〉 文書を読んだ。(読む)

(1) 信号の色が変わった。( )

(2) 本を置きなさい。( )

(3) 笑って話をする。( )

(4) 好きな色を選ぼう。( )

(5) 声を低くして歌う。( )

5

5 次の漢字の部首を□に、部首の画数を（ ）に書きましょう。〈部首と部首の画数〉（1つ3点）

（1） 都
▲部首 □
▲部首の画数 （ ）

（2） 館
▲部首 □
▲部首の画数 （ ）

4

4 次のようなとき、漢和辞典のどのさくいんを使いますか。□から選んで、記号を書きましょう。〈漢和辞典のさくいんの使い方〉（1つ5点）

（1） 漢字の部首がわかっているとき。（ ）

（2） 漢字の読み方がわかっているとき。（ ）

（3） 漢字の読み方も部首もわからないとき。（ ）

⑦ 音訓さくいん
① 総画さくいん
⑦ 部首さくいん

3

3 ——線の⑦〜⑰は、あとの①〜⑤のどの意味で使われていますか。□に記号を書きましょう。〈国語辞典に二つ以上ある意味〉（1つ5点）

⑦ 木の実が落ちる。（ ）

① すっかり日が落ちる。（ ）

⑰ ゆかの上にかれが落ちる。（ ）

おちる【①〜⑤】
① 高いところから下に動く。
② 地位・値うちなどが下になる。
③ 日や月がしずむ。
④ 価値などが低くなる。
⑤ ぬけていたものがなくなる。ついていたものが取れる。

きほんの問題のチェックだよ。
できなかった問題は、しっかり学習してから
完成テストをやろう！

とく点 　／100点

関連ドリル　●言葉と文　59〜62ページ

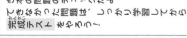

〈主語と述語〉

1 次の文の主語と述語を書きましょう。 （一つ5点） 〔40点〕

(1) 姉は、学校の図書館で勉強する。

主語（　　　　　） 述語（　　　　　）

(2) 赤いかさをさした人が歩く。

主語（　　　　　） 述語（　　　　　）

(3) 池のこいが、えさにたくさんむれる。

主語（　　　　　） 述語（　　　　　）

(4) 転校した友達から、絵はがきがとどいた。

主語（　　　　　） 述語（　　　　　）

〈修飾語〉

2 □の修飾語がくわしくしていることばを書きましょう。 （一つ7点） 〔21点〕

(1) がくの写真を じっと 見る。 （　　　　　）

(2) 鉄ぼうで くるりと 回る。 （　　　　　）

(3) 力士が どしりと かまえる。 （　　　　　）

言葉と文 59・60ページ

言葉と文 61・62ページ

© くもん出版

4 〈主語・述語、修飾〉

——は主語・述語の関係、→は修飾の関係を表します。

59~62ページ 言葉と文

全部できたら ✓

18点

(1つ3点)

(1) 中学生の兄は、サッカーが好きだ。

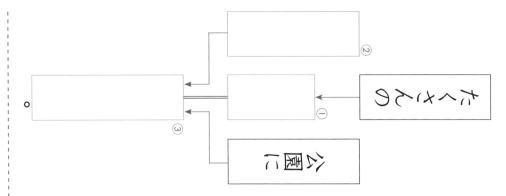

たくさんの

(2) 公園に、たくさんの花が美しくさいた。

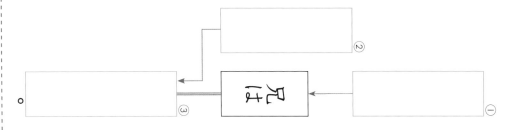

公園に

兄は

---

3 〈修飾語〉

——の修飾語がくわしくしているところは、○の記号を○でかこみましょう。

61・62ページ 言葉と文

全部できたら ✓

21点

(1つ7点)

(1) ア赤ちゃんが、すやすやと気もちよさそうに、イ部屋で ねむっていたので、エ本を オ読んだ。　［ウ静かに］

(2) エ夏休み中の イ算数の 宿題は、エ終わって いる。　［ウ　と］

(3) エ昨日の、オぼくは、ウ弟が カ図書館で 借りた本を 返した。

20 完成テスト ●目標時間 **20**分

ことばのきまり(1)
・国語辞典の使い方 ・漢和辞典の使い方
・文の組み立て

合かく
100点 80点 0点

とく点
100点

●復習のめやす
き本テスト・関連ドリルなど
でもう一度ふく習しましょう。

●言葉と文
7
59〜33ページ
62・34〜20ページ

Ⓒくもん出版

1 国語辞典に出ている順に、番号をつけましょう。 （全部できて一つ5点）

(1)
（　）いっえん
（　）いっもん
（　）いっもり
（　）いおうき

(2)
（　）しゅうかん
（　）じゅうじかん
（　）じゃくけん
（　）しょうかき

2 ——線のことばを、国語辞典に出ている形（言い切りの形）に書き直しましょう。 （一つ5点）

(1) たん生日を祝った。 （　　　　）

(2) ボールを投げない。 （　　　　）

(3) 新しい服を着よう。 （　　　　）

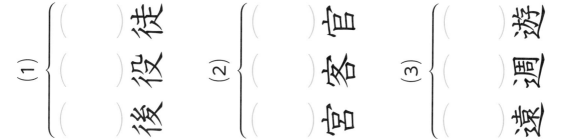

3 漢和辞典に出ている順（画数の少ない順）に、番号をつけましょう。 （全部できて一つ8点）

(1)
（　）徒
（　）役
（　）後

(2)
（　）官
（　）客
（　）宮

(3)
（　）遊
（　）週
（　）遠

4 ——は主語・述語の関係、←は修飾の関係を表します。

（1点×3）

(1) 大きな犬が、ワンワンほえた。

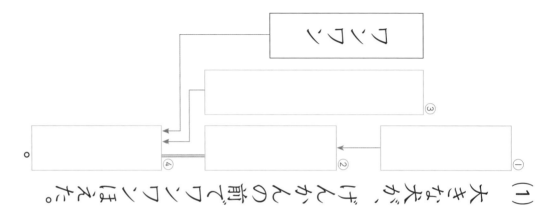

(2) はげしい雨が、夜中にとつぜんふった。

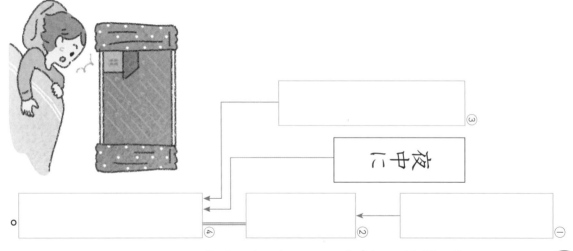

5 次の□には、わたしはとてもていねいにかくという文がはいるように、――線を引きましょう。

（全部できて1つ6点）

〈例〉 図書館で借りた歴史の本を読む。

(1) 大きくなった梅の木にやがて実がなる。

(2) 田んぼで、ぴょんととびはねるかえるを見つけた。

(3) 姉の作ったおいしそうなケーキを食べる。

きほんの問題のチェックだよ。
できなかった問題は、しっかり学習してから
完成テストをやろう！

とく点　　／100点

関連ドリル
●言葉と文 63・64ページ
●文章の読解 49～54ページ

©くもん出版

〈こそあどことばの表〉

1 次の表の □ に合う「こそあどことば」を書きましょう。
（一つ3点）

30点

	こ	そ	あ	ど
物事	(1)	それ	(2)	どれ
場所	ここ	(3)	あそこ	(4)
方向	こっち	そっち	(5)	(6)
指定	(7)	その	あの	(8)
様子	こんな	(9)	(10)	どんな

全部できたら

言葉と文 63・64ページ

〈こそあどことばのはたらき〉

2 次の場合、どんな「こそあどことば」を使いますか。後
の □ から一回ずつ選んで、（　）に合うことばを書きま
しょう。
（一つ7点）

28点

(1) 話し手に近い場合。…………（　　　）ど。

(2) 相手（聞き手）に近い場合。…（　　　）ど。

(3) どちらからも遠い場合。……（　　　）ど。

(4) 何かはっきりしない場合。…（　　　）ど。

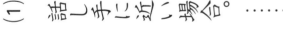
あの・この・どの・その

全部できたら
言葉と文 63・64ページ

（上部：解答用マス目）

3

文章の読解 49〜50ページ　言葉と文 63・64ページ　全部できたら 21点

（1つ7点）

⟨例⟩のように、──部分が「これ」「それ」「あれ」「どれ」のどれかであてはまるように、──線を引きましょう。

⟨例⟩
姉が白い花を持ってきた。〔白い〕花は庭にさいていた。

（1）日曜日、家族で駅前のデパートに行った。駅前のデパートには、人がいっぱいだった。

（2）木のえだに鳥の巣を見つけた。木のえだの鳥の巣はすぐに見つかった。

（3）図書館で借りた本は、宮沢賢治の伝記だった。図書館で借りた本を、すらすらと読んだ。

4

文章の読解 49〜54ページ　言葉と文 63・64ページ　全部できたら 21点

（1つ7点）

（　）に、「この」「その」「あの」「どの」のどれかを、あてはまる言葉を書きましょう。

（1）母へ一日がかりで母の絵をかいてくれた。それを母の日にプレゼントした。母は、□の絵を部屋に、かざっておいてくれた。

（2）友達の家に遊びに行った。大きな柱時計があった。□□時計は、古くて…

（3）わたしは、おかしの□から、そのきのこの中に、あめをガラスのびんに入れた。

42

きほんの問題のチェックだよ。
できなかった問題はしっかり学習してから
完成テストをやろう！

〈方言と共通語〉

1 方言にあてはまる文に「方」、共通語にあてはまる文に「共」、方言と共通語の両方にあてはまる文に「両」を書きましょう。 (一つ4点)

20点

言葉と文 77ページ

(1) 日本全国どこにでも通用することば。……（　）

(2) 日本人が、ふだん よく使うことば。……（　）

(3) その土地の生活に深く結びついたことば。（　）

(4) テレビやラジオのアナウンサーが、ニュースなどで使うことば。…………（　）

(5) ふるさとのことばとして特別なつかしさを感じることば。（　）

〈ていねいな言い方とふつうの言い方〉

2 ——線のことばを、ふつうの言い方はていねいな言い方に、ていねいな言い方はふつうの言い方に書きかえましょう。 (一つ8点)

32点

言葉と文 73・74ページ

例 学校から<u>帰った</u>。→（帰りました）

例 友達と<u>遊びました</u>。→（　遊んだ　）

(1) さくらの花が<u>散った</u>。→（　）

(2) 上ばきを<u>あらいました</u>。→（　）

(3) あの白い建物が<u>学校だ</u>。→（　）

(4) 大きさが<u>変わりません</u>。→（　）

4 〈にている言いかた〉

（　）の合うほうのことばを、○でかこみましょう。

(1つ6点)

言葉と文 77・78ページ

全部できたら ◎

24点

(1) 手が、{ 氷 ／ 氷 }のようにつめたくなった。

(2) あの人は、{ 木 ／ 鉄 }のような意志をもっている。

(3) 足の速さは、まるで{ チーター ／ きつね }のようだった。

(4) 会場は、{ おしくらまんじゅう ／ 地しん }のような人波に包まれた。

3 〈人から聞いたことがら〉

人から聞いたことの言いかたの文を三つ選んで、○をつけましょう。

(1つ8点)

言葉と文 76ページ

全部できたら ◎

24点

ア（　）母が、妹をむかえに行くといった。

イ（　）一週間たてば、芽が出るそうだ。

ウ（　）この川には魚がたくさんいるらしい。

エ（　）風が少し強くなってきたようだ。

オ（　）宿題が早く終わるといいな。

カ（　）あの人は、兄の友達だそうだ。

キ（　）朝から雨がふっていたらしい。

・句読点と符号

完成テスト

きほんの問題のチェックだよ。できなかった問題はしっかり学習してから完成テストをやろう!

とく点　　　　/100点

関連ドリル

●言葉と文 53〜56ページ

© くもん出版

〈句読点とかぎの使い方〉

1 次の文章を読んで、後の問題に答えましょう。

20点

全部できたら ✓

言葉と文 53〜56ページ

昨日□ パン工場へ見学に行きました□ 白い服を着た人たちが□ パンをつくる機械を動かしていました□

田中君は□ パンがつぎつぎにできてくるのを見て□ すごいなあ。

と言って□ おどろいていました。

(1) □に、句点(。)か読点(、)をつけましょう。
（一つ2点）

(2) かぎ(「　」)をひと組つけましょう。
（6点）

〈符号のはたらき〉

2 次の符号のはたらきを下から選んで、──線で結びましょう。
（一つ4点）

20点

全部できたら ✓

言葉と文 53〜56ページ

(1) 句点(。)・　・⑦ 文中の意味の切れめを表す。

(2) 読点(、)・　・⑦ ことばをならべるときに使う。

(3) 中点(・)・　・⑦ 文の終わりを表す。

(4) かぎ(「」)・　・⑦ 説明をおぎなったり、省いたりするときに使う。

(5) ダッシュ(——)・　・⑦ 会話や思ったことなどを表すときに使う。

③ 〈読点の使い方〉
次の文章に、読点（、）を一つずつつけましょう。（一つ5点）　20点

(1) 妹は学校から帰ってきて朝顔の種を植えた。

(2) 公園でかさを持って遊んでいたら雨がふってきたので木の下をぬけて大きな木の下で雨やどりをした。

④ 〈読点の使い方〉
次の文を、〈　〉の意味になるように、読点（、）を一つつけて書きましょう。（一つ10点）　20点

● (1) 〈わたしだけが母のあとをおいかけた。〉
わたしは姉と母のあとをおいかけた。
（　　　　　　　　　　　　　　　）

(2) 〈わたしと姉がそうじをした。〉
わたしとだけが姉とそうじをした。
（　　　　　　　　　　　　　　　）

⑤ 〈読点の使い方〉（一つ10点）　20点

(1) 〈わたしと友達が友達と話した。〉
学校の話をした。
（　　　　　　　　　　　　　　　）

(2) 〈兄と兄とよう。〉
兄が友達と友達が話した。
学校の話をした。
よせる波を見にいった。
わたしは静かに見ていた。

© くもん出版　53〜56ページ　言葉と文

合かく

100点

80点

0点

●ふく習のめやす

しあげテスト・関連ドリルなど
いつもふく習しましょう。

とく点

100点

関連ドリル

●言葉と文 63
73〜78ページ
●文章の読解 49 53・64
54 56ページ

©くもん出版

1 次の文章を読んで、後の問題に答えましょう。 (一つ15点)

> クチマは、夏に黄色の花をさかせます。そして、秋に その も と が大きな細長い実になります。 それ をほして たわしにしたり、くきからくちまぶをとったりします。

(1) その も と とは、何のもとですか。

( )

(2) それ は、何をさしていますか。

( )

2 〈 〉の意味になるように、読点(、)を一つずつつけて書きましょう。 (一つ8点)

(1) 〈母が話をした。〉
母が姉と父の話をした。

( )

(2) 〈弟が急に泣く。〉
弟は急にほえた犬を見て泣き出した。

( )

48

4 ( )に合うことばを、後の□□□の中から選んで書きましょう。 (1つ5点)

（選んで書きましょう。）

たき・ゆき・ゆめ・あめ・とし・れんしゅう・くすり 総の中・きものよう・にもつのように・みずのように・このように・そのように		

(1) （　　　　　）から、かわいらしい手。

(2) （　　　　　）あせが流れる。

(3) （　　　　　）自由にこうどうできる。

(4) （　　　　　）楽しい時間をすごす。

(5) （　　　　　）赤にはおしたおとなしい女の子。

3 「そうだ」を使って、人から聞いた言い方の文に書きかえましょう。 (1つ8点)

(1) 次の電車がおくれる。

（　　　　　　　　　　　）

(2) この問題集は、むずかしい。

（　　　　　　　　　　　）

(3) 今度の日曜日は、晴れる。

（　　　　　　　　　　　）

きほんの問題のチェックだよ。
完成できなかった問題は、しっかり学習してから
完成テストをやろう!

1 〈ローマ字の読み〉 読み方をひらがなで書きましょう。 (一つ4点)

(1) ki （　　　） — aki （　　　） — kaki （　　　）

(2) me （　　　） — ume （　　　） — yume （　　　）

(3) ta （　　　） — ita （　　　） — sita （　　　）

36点

2 〈ローマ字の読み〉 読み方をひらがなで書きましょう。 (一つ4点)

(1) sinbun （　　　） (2) ziten （　　　）

(3) syokuzi （　　　） (4) koppu （　　　）

(5) taiyô （　　　） (6) hon'ya （　　　）

(7) rensyû （　　　） (8) Tôkyô （　　　）

32点

全部できたら 言葉と文 49・50ページ

50

3 〈ローマ字の書き表し方〉

書き表し方の正しいものを一つ選んで、○をつけましょう。

（一つ2点）

（1）切手

( ) kite

( ) kitte

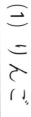

（2）実験（じっけん）

( ) zikken

( ) ziiken

（3）問屋

( ) tonya

( ) ton'ya

( ) tonnya

（4）工場

( ) kôzyô

( ) kouzyou

( ) kôuzyôu

4 〈ローマ字の書き〉

次のことばを、ローマ字で書きましょう。

（一つ6点）

（1）りんご

（2）決定

（3）動物園

（4）学級会

8点

24点

言葉と文
49・50
ページ

全部
できたら

全部
できたら

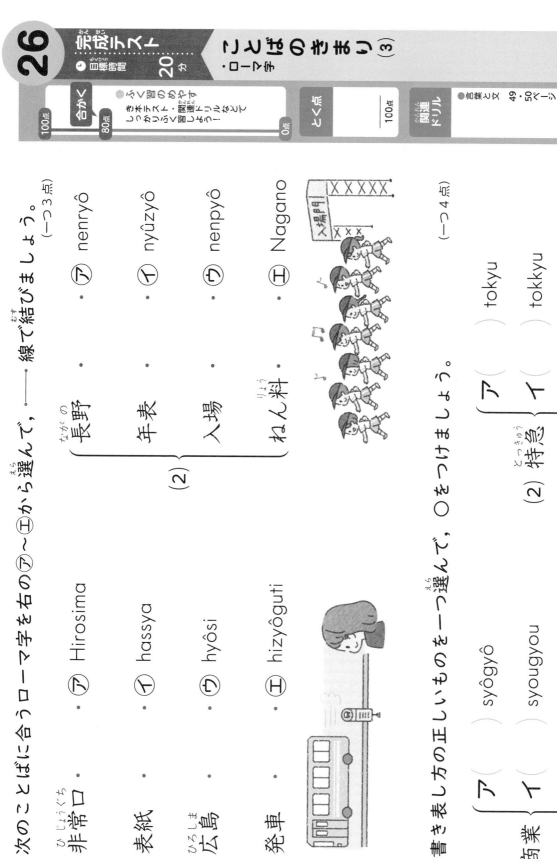

1 次のことばに合うローマ字を右の⑦〜④から選んで、——線で結びましょう。

(一つ3点)

(1)
非常口 ・ ・⑦ Hirosima
表紙 ・ ・⑦ hassya
広島 ・ ・⑦ hyôsi
発車 ・ ・④ hizyôguti

(2)
長野 ・ ・⑦ nenryô
年表 ・ ・④ nyûzyô
入場 ・ ・⑦ nenpyô
れん料 ・ ・④ Nagano

2 書き表し方の正しいものを一つ選んで、○をつけましょう。

(一つ4点)

(1) 商業
⑦（ ）syôgyô
④（ ）syougyou
⑦（ ）syôugyôu

(2) 特急
⑦（ ）tokyu
④（ ）tokkyu
⑦（ ）tokkyû

51

3 読み方をひらがなで書きましょう。

（一つ4点）

(1) kitutuki （　　　　　　）

(2) zyôgi （　　　　　　）

(3) gassyô （　　　　　　）

(4) kyûsyû （　　　　　　）

(5) happyôkai （　　　　　　）

(6) syuzyutu （　　　　　　）

(7) kin'yôbi （　　　　　　）

(8) syôgakkô （　　　　　　）

4 次のことばを、ローマ字で書きましょう。

（一つ6点）

(1) 楽器
がっき

(2) 輪ゴム
わ

(3) 商店街
しょうてんがい

(4) パン屋

(5) 教科書
きょうかしょ

(6) 北海道
ほっかいどう

52

基本の問題のチェックだよ。できなかった問題はしっかり学習してから完成テストをやろう！

とく点 | 100点

関連ドリル ●文章の読解 71～117 76～26 ページ

〈話題の中心をくわしく書く〉

1 次の作文の一部を読んで、後の問題に答えましょう。

40点

> ① 日曜日に、となり町のおばさんの家まで、お使いに行った。
>
> ② 家の近くのバス停から、バスに乗った。初めて一人で乗ったので、とてもどきどきした。
>
> ③ 景色をながめながらも、バスのアナウンスを聞きのがさないように気をつけていた。
>
> ④ おばさんの家に着くと、はりつめていた気がゆるんだのか、とてもほっとした。

全部できたら

文章の読解 17～26 ページ

文章の読解 71～76 ページ

(1) この作文の話題の中心は、なんですか。( )に合うことばを書きましょう。 (一つ15点)

　①（　　　　　　　　　　）、初めて一人で、バスに乗ったときの②（　　　　　　　　　）した気持ち。

(2) ②と③の間に入れる内ようとして、どんなことを書くとよいですか。一つ選んで、◯をつけましょう。 (10点)

　ア（　　）バス停に行くまでのこと。

　イ（　　）バスの中であったこと。

　ウ（　　）おばさんの家に行くまでのこと。

2

次の作文の一部を読んで、後の問題に答えましょう。

60点

---

1 先生が、コップに水を少しずつ変えて入れて、たたいてみた。水の量はそれぞれ少しずつ変えてある。

2 水をたくさん入れたコップほど、たたいたときの音は低く、少ないコップほど高い音がした。

3 高い音から低い音へと、たたいた順にならべてみると、全部ちがう音がした。

4 いちばん高い音から、いちばん低い音にみた。

---

(1) この作文の話題の中心は、（　　　　）のときの（　　　　）とのですか。合う言葉を書きましょう。(15点)

(2) ③のだんらくに書いてあることは、コップの水の量の様子を、何にたとえて書いていますか。(10点)

とき、コップの（①　　　）の（②　　　　）の高さが（　　　　）こと。

(3) ④のだんらくでは、（①　　　）と（②　　　）の合うことばを書きましょう。(10点)

と（②　　　）水の量が多いと（①　　　）音がすること。

音が（　　　）して、少ない

文章の読解　71〜76ページ

文章の読解　17〜26ページ

全部できたら

60点

28 完成テスト

作文の書き方⑴
・話題の中心

⏱ 目標時間 20分

ふく習のめやす
本テスト・関連ドリルなどで
しっかりふく習しよう!

合かく
100点 80点 0点

とく点
　　　　　100点

かん連ドリル
● 文章の読解 17～26ページ

©くもん出版

★ 次の作文を読んで、下の問題に答えましょう。

「ここには、みなさんのおじいさんやおばあさんが、子どものころに使っていた道具が置いてあります。」

うす暗い部屋の中を見ると、さまざまな道具が置いてある。どうやって使っていたのか、さっぱりわからなかった。

今日は、昔のくらしを調べに博物館に来ている。

道具だけでなく、昔の家の中そのものを元どおりにしているので、本当にだれかが住んでいるみたいだ。昔の世界にいるような気がして、不思議な感じがした。

(1) 作者は、何を調べるのに博物館に来たのですか。(10点)

〔　　　　　　　　　　　〕

(2) 作文を書く前の⑦～①のメモのうち、□のページの作文のものはどれですか。二つ選んで、記号を書きましょう。(一つ15点)

⑦ コンセントのない、冷ぞう庫を見た。

① 係の人の声で、うす暗い部屋の中に置いてある道具を見た。

⑦ 昔の世界にいるみたいで、不思議な気がした。

① 昔の道具を実さいに使ってみた感想。

（　　　）・（　　　）

55

たれに。今はそんなことを毎日、その友だちのことを、今でも、便利になったものだなと思った。だから、信じられないことを

友だちに、せにもらったときのことを、もの（食べ物）を入れておく、「れいぞうこ」の表面を付け、昔はそんなことをするのだそうだ。機械だおとうさんが木の箱に氷を入れて冷やすのだとおしえてくれた。

昔の「れいぞうこ」は、木の箱に氷を入れて冷やしていたのだと聞が、今のれいぞうこは、電気で動く機械だ。木の箱に氷を入れて冷やすなんて、ふしぎだなと思った。

今のれいぞうこは、タイマーのときにもれいぞう庫のとびらが、今では当たり前に、「れいぞうこ」は、木の箱に氷を入れて冷やしていたのだと、おとうさんが説明して、とても高かったのだそうだ。木の箱の人れて、機械がついていないので、冷蔵庫の人れて思った。ふしぎだなと思った。

（3） この作文の書きたい部分を、あとから一つえらんで、記号を○でかこみましょう。（一15点）

ア（　）電気の道具。

イ（　）冷ぞう箱の道具。

ウ（　）昔使っていた冷ぞう庫。

エ（　）「いたら」の「いたら」の木

（4） 「昔の冷ぞう庫」について書いた部分を、文章中から書きぬきましょう。（15点）

［　　　　　　　　　　　　　　　　　　　　　　　　　　　　　　　　　　　　　　］

（5） わたしは ［　　　］ 何について書いた部分でへ。（15点）

56

きほんテストが問題のチェックだよ。
できなかった問題はしっかり学習してから
完成テストをやろう！

とく点

100点

●文章の読解 77〜82ページ

関連ドリル

〈組み立てを考えて見学記録文を書く〉

1 次の作文の一部を読んで、後の問題に答えましょう。

45点

1 昨日、じょう水場に見学に行った。

2 そこには、学校のプールぐらいの水そうが、いろんな形の水そうが、いくつもあった。

3 それぞれの水そうに水を通すことで、川から取り入れた水の中のごみをしずめたり、こした、り、最後に薬で消毒した後、ポンプで配水池に送り、そこから、家庭や工場などへ水を送るのだそうだ。

4 最後に薬で消毒した後、ポンプで配水池に送り、そこから、家庭や工場などへ水を送るのだそうだ。

(1) どこに見学に行ったときの作文ですか。(10点)

[　　　　　　　　]

(2) 川の水をきれいにして、家庭や工場へ送るまでの仕組みを書いているのは、1〜4のどのだん落ですか。二つ書きましょう。(一つ10点)

[　　] と [　　]

(3) 「水を大切に使おう。」という感想は、1〜4のどのだん落の後に入れるとよいですか。(15点)

[　　] のだん落の後

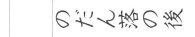

2

55点　全部できたら

次の作文の──部を読んで、後の問題に答えましょう。

1　2　3　4

ゆうびん局へ送られてきた手紙やはがきは、機械を使って消し印をおします。手紙やはがきが機械に横に長く読みとられ、消し印がおされます。

分けの機械で、手紙やはがきはあて先のゆうびん局ごとに分けられ、ゆうびん番号ごとに分けられます。

あて先が遠い地の場合は、その地まで車や飛行機で送られます。そして、その地でまた分けられ、あて先のゆうびん局へ送られます。

別にまた、分けられた手紙やはがきは機械で消し印をおされて、ゆうびん便ごとに、車や飛行機へ送られてあて先へ

（1）この作文は、いくつのまとまりに分けられますか。（10点）

（　　）

（2）──②「分けの機械」とは、どんな機械ですか。次の（　）に合うことばを、作文の中から書きましょう。（1つ15点）

手紙やはがきを機械で（①　　　　　　　）消し印をおし、ゆうびん番号ごとに（②　　　　　　　）に分ける仕組み。

①（　　　　　　　　）
②（　　　　　　　　）

（3）④ の後に続く内ようを、次のア〜ウから一つ選んで、○をつけましょう。（15点）

ア（　）ゆうびん便を選んで配達する仕組み。

イ（　）ゆうびん便を集める仕組み。

ウ（　）消しゆうびんを配達する仕組み。

58

ⓒくもん出版

<ruby>合<rt>ごう</rt></ruby>かく

100点
80点
0点

●ふく習のめやす
もし本テスト・関連ドリルなどで
いっかいふく習しましょう。

とく点

100点

●<ruby>関連<rt>かんれん</rt></ruby>
ドリル

●文章の読解
77
〜
82ページ

★ 次のまとめと、作文を読んで、下の問題に答えましょう。

まとめ—[初め・中・終わり]の組み立てを考えて書きます。

[初め]…自分の考えの中心を書く。

[中]…理由やそれに関する内ようをくわしく書く。

[終わり]…自分の考えの中心をもう一度書く。

※①〜⑤はだん落番号です。

① わたしは、もし、夏休みに遊びに行くならば、山がいいと思います。その理由は、三つあります。

② 一つ目は、高い所に登ると景色がよくて気持ちがいいからです。遠くを見わたすと、すがすがしい気持ちになります。山のてっぺんで、おべんとうを食べたり、写真をとったりするのは気持ちがいいと思います。

(1) この作文は、何について書いたものですか。一つ選んで、○をつけましょう。
(20点)

ア（　）夏休みに行くとしたらどこがいいか。

イ（　）夏休みに気をつけたいことは何か。

ウ（　）夏休みをどのようにすごすか。

(2) 理由を書くときには、どのようなくふうをしていますか。（　）に合うことばを考えて書きましょう。
（一つ10点）

<ruby>各<rt>かく</rt></ruby> ①（　　　　）の

②（　　　　）に
「一つ目は」「二つ目は」のように、書いている。

59

と思います。

ぼくは、もっといろいろな虫を見つけたいです。理由は、夏休みから、花のみつをすう虫の写真をとりたいからです。

⑤ わたしが、行ってみたいところは二つあります。

④ 二つ目は、木です。夏休みに木のぼりをして遊んだりしたいです。木のぼりは、登るやすいです。気温が高くて、休みが

③ 一つ目は、山です。近所の山に登ることができたらいいと思います。山は気温が

---

(5) 上の作文で、□中□の部分に当たる作文は、どれでしょうか。番号で、全部答えましょう。（20点）

(4) 「□辺□」は、「□辺□」とは、他の書き方もできます。「□辺□」は、どれでしょうか。一つ選んで、○をつけましょう。（20点）

ウ（　）わたしの家

イ（　）学校の運動場

ア（　）近所の山のちょうじょう

(3) 「二つ目の理由は」と書きましたが、なぜ「二つ目」なのでしょう。なんのためでしょう。（20点）

©くもん出版

●文章の読解 29〜38ページ

きほんの問題のチェックだよ。
できなかった問題は、しっかり学習してから
完成テストをやろう！

とく点
100点

〈場面の様子を読みとる〉

★ 次の文章を読んで、下の問題に答えましょう。

50点

文章の読解
29〜38
ページ

　二年生のけんじと四年生のぶよは、運動会の日をむかえた。走るのが得意なけんじは、弁当の仕出し屋さんをしているお母さんに、絶対に見に来てほしいと思っていた。

　プログラムにしたがって、二年生のぶよの音楽とダンスが始まった。けんじの走る番が来るまでまだかなりあったので、明るい音楽とともにプログラムはどんどん進んで、二年生のぶよのダンスが始まった。けんじの走る番が来るまでまだかなりあったので、プログラムの短いけんじは、校門の所で待っていたが、お母ちゃんのバイクは見えなかった。とうとうけんじたちの番が来た。けんじは、すぐにまっすぐ前を見た。けんじは保護者席をちらりと見たが、すぐにまっすぐ前を見た。スタートのピストルが鳴った。間もなく一気に飛び出した。速く、速く。

(1) 運動会のプログラムは、どこまで進みましたか。（15点）

〔　　　　　　　　　　　〕

(2) ぶよが校門の所で待っていたのはだれですか。（15点）

〔　　　　　　　　　　　〕

(3) けんじが「保護者席をちらりと見た」のはなぜですか。（　）に合うことばを書きましょう。（20点）

〔　　　　　　　　　　　　　　〕
が見に来てくれるのを期待していたから。

61

二位の子を五メートルも引きはなして、けんじはテープを切った。

「けんじはもう走っちゃったかい？」

かけつけたお母ちゃんが、かたで息をしながらグラウンドをのぞきこんだときには、二年生の短きょり走は終わっていた。

お昼休み、お母ちゃんは、二年生の席までけんじをむかえに行った。

「お姉ちゃんに聞いたよ。また一等だったんだって？　やるなあ、けんじは。」

けんじは、下を向いて、返事をしない。

「店の人に後の仕事をたのんで出かけようとしたら、まとめて弁当の注文が入ったんだよ。三十個だからねえ。その代わり、ほうら。」

お母ちゃんは、むねをはって、くいっと、弁当包みをのぶよに手わたした。

〔　〕部分要約

（令和２年度版　東京書籍　新しい国語四上　62・63ページより『走れ』村中李衣）

(4)　けんじは短きょり走で何位でしたか。（15点）

〔　　　〕

(5)　お母さんが来たとき、二年生の短きょり走はどうなっていましたか。（15点）

〔　　　〕

(6)　「下を向いて、返事をしない」けんじの気持ちに合うものを一つ選んで、○をつけましょう。（20点）

ア（　）ほめられてはずかしい気持ち。

イ（　）見てもらえずがっかりした気持ち。

ウ（　）うれしくてたまらない気持ち。

文章の読解 29〜38ページ

全部できたら

50点

合かく ●ふく習のめやす
きほんテスト・関連ドリルなどでしっかりふく習しよう！
100点 80点 0点

とく点 ／100点

●文章の読解 29～38ページ
関連ドリル

©くもん出版

★ 次の文章を読んで、下の問題に答えましょう。

四年生のぶよと弟で三年生のけんじは、運動会の日をむかえた。走るのが得意なけんじは、弁当の仕出し屋さんをしているお母さんに、絶対に見に来てほしいと思っていた。

明るい音楽といっしょにプログラムはどんどん進んで、二年生の短きょり走が始まった。ぶよはけんじの走る番が来るまで、校門の所で待っていたが、お母ちゃんのすがたは見えなかった。

とうとう、けんじたちの番が来た。けんじは、保護者席をちらりと見た。が、すぐにまっすぐ前を見た。

ピストルが鳴ったしゅん間、一気に飛び出した。速い。速い。

(1) のぶよが校門の所でお母さんを待っていたのはなぜですか。（　）に合うことばを書きましょう。（一つ10点）

①（　　　　　　　）が、自分の②（　　　　　）すがたを、お母さんに見せたがっていたから。

(2) 「保護者席をちらりと見た」けんじは、お母さんを見つけることができましたか。（15点）

（　　　　　　　　　　　　）

(3) けんじが走り出したときの様子を書きぬきましょう。（15点）

（　　　　　　　　　　　　）

63

〔部分要約〕

わたしと母ちゃんは、お弁当屋さんに向かった。

「個数が当てはまるようにね。」

注文の人が入ったら、後の仕事をたんとうしてくれたんだ。その代わりとして、三十分でお弁当を十五個作って、店に出すことを頼まれた。

「お姉ちゃんたちだってできなかったこと。」

お母ちゃんは、そう言うと、下を向いて「はい。」と言った。

お昼休みは終わって、一年生の短いかけっこが始まった。お母ちゃんは、フライパンを引きずって、

お母ちゃんも、わたしも、走った。

ウ（　）　イ（　）　ア（　）

（6）

ア　ちはじ、子どもでも自信があるような気持ち。

イ　子どもでも信じられる気持ち。

ウ　あたりまえのことをしたのだから、おれいを言われるのがあたりまえという気持ち。

お母さんが「おれい」を言ったのは、どんな気持ちからでしょう。一つ選んで、○をつけましょう。
（15点）

（5）
お母さんは、なぜおれて来たのですか。
（20点）

ウ（　）　イ（　）　ア（　）

（4）

ア　間に合うように来た様子。

イ　運動会に間に合って、残念に思わなかった様子。

ウ　間に合って、うれしく思う様子。子どもに合わせて、会を見るのを楽しむ様子。

母さんが、息子のため、「ますます母さんは」どんな様子でしょうか。一つ選んで、○をつけましょう。
（15点）

64

目標時間 30分

きほんの問題のチェックだよ。
できなかった問題は、しっかり学習してから
完成テストをやろう！

とく点 　／100点

関連ドリル ●文章の読解 57〜68ページ
©くもん出版

〈登場人物の気持ちと心の変化を読みとる〉

★ 次の文章を読んで、下の問題に答えましょう。

ぼくのクラスに転校してきたピーターは、ケニアから来た陽気な友達。人なつっこくて、よくしゃべる男の子だ。

ある日、ろうかを走っていた五、六人のグループに向かってピーターが言った。

「ボレボレでいこうよ。」

ボレボレというのは、スワヒリ語でゆっくりとか、のんびりという意味だそうだ。

日本語で「ろうかを走るな」と言えば、「よけいなお世話だ」とけんかになるかもしれない。でもボレボレなら、なんとなくユーモアがあっておもしろい。
（一部省略）

(1) ピーターは、だれに向かって「ボレボレ」と言ったのですか。(20点)

(2) 「ボレボレ」は、どういう意味の言葉ですか。合うものに〇をつけましょう。(15点)

ア（　） ろうかを走るなという意味。

イ（　） ゆっくり、のんびりという意味。

ウ（　） けんかをするなという意味。

35点

全部できたら

文章の読解 57〜68ページ

部分要約〔　　〕

「ほら、あそこを見てごらん。」

なほおを広げて、青い空に飛び上がり、顔をかたむけて太陽の光を浴び、木たちはすりぬけるように楽しそうに大きくゆれたよ。おだやかな風が、小運動場に向けた。

指を差して、人差し指を左右に動かし、「そら、そら。」と、ピーターは首を左右に運動が苦手なので、ほくのこに苦手な「ピーター」の名前を引いて、「ブランコがこわれたので」に向かって、

「ピーター。」ほくはたっていった。

昼休み、ほくは教室にいた。「ピーターが来たよ。」と、きょう室に向かった。

（6）　（20点）
「　　　」は「ほく」
どんな「顔を上げる」
ように。「空が見上げる」

（5）　（15点）
「ピーター」は「運動場」
何をしていたでしょうか。
どこに、いたでしょうか。

（4）　（15点）
「ブランコ」は
だれでしょうか。「ピーター」のこと
まどから、「ピーター」と言った

（3）　（15点）
「ほく」のいえを
だれですか。「ピーター」のこと
きみは、「ほく」のいえは

34 完成テスト① 物語の読みとり(2)
・人物の気持ち「ボレボレ」
●目標時間 30分

●ふく習のめやす
本テスト・関連ドリルなどで
しっかりふく習しましょう。

100点 80点 0点
合かく

とく点 ／100点

●文章の読解 57〜68ページ
関連ドリル

© くもん出版

★ 次の文章を読んで、下の問題に答えましょう。

ぼくのクラスに転校してきたピーターは、ケニアから来た陽気な友達。人なつっこくて、よくしゃべる男の子だ。

ある日、ろうかを歩いていた五、六人のグループに向かってピーターが言った。

「ボレボレでいこうよ。」

ボレボレというのは、スワヒリ語でゆっくりとか、のんびりという意味だそうだ。

日本語で「ろうかを歩るくな」と言えば、「よけいなお世話だ」とけんかになるかもしれない。でもボレボレなら、なんとなくユーモアがあっておもしろい。

（一部省略）

(1) ピーターが「ボレボレでいこうよ。」と言ったのはなぜですか。 (一つ10点)

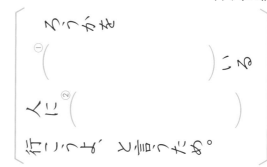

ろうかを
①（　　　　　　　　）いる
人に
②（　　　　　　　　）
行こうよ、と言うため。

(2) 日本語で「ろうかを歩るくな」と言うのと、「ボレボレ」と言うのでは、どうちがいますか。合うほうに○をつけましょう。 (15点)

ア（　）「ボレボレ」は日本語の場合よりも、自由な感じがする。

イ（　）「ボレボレ」は、日本語の場合よりも、ユーモラスな感じがする。

67

68

〔 〕
部分要約

場しょの周囲のそばを、ゆっくり太陽の光を浴びて、運動

して、そばの木々をすりぬけてきた風が、

青空に広げて、わたしは顔を上げた。

飛び上がりたいような気もちだった。

小さい子が遊んでいると、大きい子や

声やわらい声が聞こえてきて

運動場に向けた。

指さし、二人をこちらに

「ほら、ビーターはあっちにいるから」

ビーターはこちらを引

はひどく首を左右に

運動が苦手な

名前をきくと、ほ

昼休みは教室に

（3）

「　　」とあるとき、ピーターがブラ

ンドの「　　」は、なぜですか。首を左右に

（4）

ピーター。ブランドは何のために

（5）

運動場の様子として、正しい

ものに○をつけましょう。

ア（　）　イ（　）

ウ（　）　エ（　）

ウ　たいようの光が風をつれて遊んだように楽しそうで、

エ　そばの木々をすりぬけてきた風が強く感じた。

（6）

青い空を表すのに、「青空を

　　」とありますが、どんな言

（15点）　　（20点）　　（15点）

35 完成テスト②　物語の読みとり(2)
・人物の気持ち「ごんぎつね」

合かく　●ふく習のめやす
くもんテスト・関連ドリルなどでしっかりふく習しましょう！
100点　80点　0点

とく点　　　　／100点

●文章の読解 57〜68ページ
関連ドリル

★　次の文章を読んで、下の問題に答えましょう。

ごんは「くえ、ここはつまらないな。」と思いました。

「おれが、くりや松だけを持っていってやるのに、そのおれにはお礼を言わないで、神様にお礼を言うんじゃあ、おれは引き合わないなあ。」

その明くる日も、ごんは、くりを持って、兵十のうちへ出かけました。兵十は物置で縄をなっていました。それで、ごんはうちの裏口から、こっそり中へ入りました。

そのとき、兵十は、ふと顔を上げました。と、きつねがうちの中へ入ったではありませんか。こないだ、うなぎをぬすみやがったあのごんぎつねめが、またいたずらをしに来たな。

(1)　ごんが「ここはつまらないな」と思ったのは、どうしてですか。（　）に合うことばを書きましょう。
（一つ5点）

兵十が①（　　　　　　　　）を持っていく自分（ごん）に②（　　　　　　）を言わないで、③（　　　　　）にお礼を言っているから。

(2)　「明くる日も」という言い方からどんなことがわかりますか。一つ選んで、○をつけましょう。（10点）

ア（　　）　その日だけのこと。

イ（　　）　これまでにはなかったこと。

ウ（　　）　これまでにも何度かあったこと。

(3)　うちの中に入るごんを見た兵十は、どう思ったのですか。
（15点）

69

薬をつめて立ち上がりました。

兵十は、火縄じゅうを取り上げました。そして、足音をしのばせて近よって、今、戸口を出ようとするごんを、ドンとうちました。

ごんは、ばたりとたおれました。兵十はかけよってきました。うちの中を見ると、土間にくりが、かためて置いてあるのが、目につきました。

「おや。」と、兵十は、びっくりして、ごんに目を落としました。

「ごん、お前だったのか、いつも、くりをくれたのは。」

ごんは、ぐったりと目をつぶったまま、うなずきました。

兵十は、火縄じゅうを、ばたりと取り落としました。青いけむりが、まだつつ口から細く出ていました。

---

(4) 「──」とありますが、兵十は、どういうことを言おうとしたのですか。兵十（　　）ことを言おうとした。（10点）

(5) 「──くりが、かためて置いてある」とありますが、これを見て、兵十は、どんなことを思いましたか。（20点）

(6) 「──くりが、かためて置いてある」のを見て、兵十は、どんなことがわかりましたか。（20点）

(7) 「──火縄じゅうをばたりと取り落としました」とありますが、このときの兵十の気持ちに合うものを、次から一つ選んで、「○」をつけましょう。（10点）

ア（　　）でんと落ち着いた、おだやかな気持ち。

イ（　　）たいへんなことをしてしまった、安心した気持ち。

ウ（　　）たいしたことにはしていないという気持ち。

©くもん出版

きほんの問題のチェックだよ。
できなかった問題は、しっかり学習してから
完成テストをやろう!

とく点　　　　100点

● 文章の読解
71〜117ページ
82〜26ページ

関連ドリル

〈組み立てに注意して内ようを読みとる〉

★ 次の文章を読んで、下の問題に答えましょう。

※1〜3はだん落番号です。

1 まず、細いはりを水面にそっと水平において、みましょう。ふつうにおいたら、はりには重さがありますから、すぐに水中にしずんでしまいます。それでは、一円玉ならどうでしょう。そっとうかべてみると、一円玉は水の上にかるくうかびます。よく見ると、水面が一円玉のまわりでくぼんでいるのが分かります。

2 次に、前の実験でしずんだはりに油かバターをうすくぬってうかべてみます。すると、はりはちゃんと水面にうかびます。そのはりをよく見てみると、一円玉と同じように

(1) 「細いはり」を水面に「そっと水平において」どうなりますか。(15点)

〔　　　　　　　　　〕

(2) 「一円玉」を水面に水平においてうかぶことは、どのだん落に書かれていますか。番号を書きましょう。(15点)

　□ のだん落。

(3) どのようにすると、はりは水面にうかびますか。(一つ10点)

① 〔　　　　　　　　　〕か、

バターをうすく

② 〔　　　　　　　　〕からうかべる。

50点

全部できたら

文章の読解
17〜26ページ

文章の読解
71〜82ページ

（令和2年度
37~39ページ
37~39学校図書
「みんなと学ぶ
小学校国語
四年上」
による）

③ アメンボが水面に立つ理由は、水面の「表面張力」というはたらきによって、水面がもり上がろうとするからです。この「表面張力」というはたらきは、水面に油をぬってもこわれてしまいます。一円玉を水の表面にしずめてもうかんでくるのは、この「表面張力」のおかげなのです。

水面に立つ仕組みは、体はアメンボの足の先に油をぬってあるからです。少しでもアメンボの足が水面を丸くおしてそれがアメンボの足をおし返す力があるからです。アメンボの足の先が水面をおして、水面の表面張力とアメンボの足の先が同じ水面を丸くおしてそれがアメンボの足をおし返すのです。

（4）「水面が元にもどろうとする様子を表している」のはどれですか。〔10点〕

（　　）①は水面が元
（　　）②はりとして一円玉や
様子。

（5）「アメンボが水面に立つ者はなぜ立っていられるのは、すいれんのはっぱに立つ者はなぜ立っていられるのですか。〔15点〕

（6）明し表面張力についての説明している一文の初めの五文字をぬき出しなさい。〔15点〕

文章の読解
71~82ページ

文章の読解
17~26ページ

全部できたら

50点

© くもん出版

37 完成テスト

●目標時間 30分

説明文の読みとり(1)
・文章の内ようと組み立て「アメンボはにん者か」

●ふく習のめやす
本テスト・関連ドリルなど
しっかりふく習しましょう！

合かく 100点 80点 0点

とく点
100点

●文章の読解
71～17
82～26
ページ

●関連ドリル

©くもん出版

★ 次の文章を読んで、下の問題に答えましょう。

※1～3はだん落番号です。

1 まず、細いはりを水面にそっと水平においてみましょう。ふつうに水平においたら、はりには重さがありますから、すぐに水中へしずんでしまいます。それでは、一円玉ならどうでしょう。そっとうかべてみると、一円玉は水の上にみごとにうかびます。よく見ると、水面が一円玉のまわりでくぼんでいるのが分かります。

2 次に、前の実験でしずんではりに油かバターをくつすくぬってうかべてみます。すると、はりはちゃんと水面にうかびます。そのはりをよく見てみると、一円玉と同じように

(1) 水面に水平にうかぶようにしたときに、はりと一円玉はどのようになりますか。( )に合うことばを書きましょう。
(一つ10点)

① (しずむ) は、
しずむが、
② (うかぶ) は、
うかぶ。

(2) 水面の一円玉をよく見ると、どんな様子が分かりますか。
(15点)

[   ]

(3) はりを水にうかべるには、どうしますか。
(15点)

[   ]

73

（令和2）
四年生 上
37〜39ページ
「学校図書」
『みんなと学ぶ 小学校国語』
に出ている教材

③ 水面に一円玉をうかべたり、水面にそって丸い水面ができたりするのは、面張力（ちょうりょく）のおかげです。

面張力のおかげで、水面の上にならんでいる水の一円玉も、面張力によって水面にうかんでいるのです。一円玉を水の表面にそっとおくと、一円玉のまわりの水面がへこんで、一円玉の重さをささえている水面が、元のたいらにもどろうとする力がはたらきます。

アメンボも水の表面にうかんでいます。アメンボは水面に立つ仕組みを体にもっています。アメンボにはそれぞれアメンボの足がありますが、少しくぼんでいて、アメンボの足がうくようにしているのです。

立ちます。水で立っているのは理面ア　アメンボが水面に立つのは、油に水の足の先、同じ水の先に

（4）水一円玉やアメンボが水面にうかんでいるのは、油をぬめたのは何だったのですか。（10点）

〔　　　　　　　〕

（5）次のア〜ウは何のせつめいですか。あてはまるものを、三つの記号をえらんで（　）に書きましょう。（10点×三つ）

ア　アメンボが水面に立つ理由について。
イ　水面に落ちた一円玉やアメンボが水面にうかんでいるのは、油をぬるためにおこることをしめす実験から、表面張力をしめす。
ウ　面張力（ひょうりょく）をぬるために行う実験の説明。

（イ）（　）（ア）

（6）いちばん最も伝えたいことが書かれているのは、どのだんらくですか。（10点）

38

きほんテスト

● 目標時間 30ぷん

説明文の読みとり (2)
・だん落と要点「アップとルーズで伝える」

きほんの問題のチェックだよ。
完成させてテストをやろう！
てきなかった問題は、しっかり学習してから

とく点

100点

関連ドリル

● 文章の読解 71〜82ページ

©くもん出版

〈だん落の関係と要点を読みとる〉

★ 次の文章を読んで、下の問題に答えましょう。

※ ①〜④ はだん落番号です。

1 広いはんいをうつすとり方を「ルーズ」といいます。（一部省略）ある部分を大きくうつすとり方を「アップ」といいます。何かを伝えるときには、このアップとルーズを選んだり、組み合わせたりすることが大切です。アップとルーズでは、どんなちがいがあるのでしょう。

2 アップでとったゴール直後のシーンを見てみましょう。ゴールを決めた選手が両手を広げて走らせ、身の様子がよく伝わります。ひたいにあせを光らせ、口を大きく開けて、全身でよろこびを表しながら走る選手の様子がよく伝わります。

(1) 「ルーズ」と「アップ」はどのようなとり方ですか。（一つ10点）

ルーズ…

① （　　　　　　） はんいをうつすとり方。

アップ…

② （　　　　　　） 方をある 大きくうつすとり

(2) 2 のだん落には、どんなことがのべられていますか。合うほうに〇をつけましょう。（20点）

ア（　）「ルーズ」のとり方のよい点。

イ（　）「アップ」のとり方の特ちょう。

75

えじてなどで、アナウンサーが、それぞれに伝えようとして放送をしているとき、アップとルーズを用意していることがあります。そのときに、つたえたいことにあわせて、アップとルーズを選んでいるのです。

④ 視線を広いはんいにうつさせながらおうえんしている人たちと、勝ったチームのさくせんをせつめいしている人では、それぞれなにが分かる顔つきとなるかがよく分かります。その人たちの様子や気持ちが分かります。

③ はいしているチームのコートの様子が分かります。アップでとると、細かい部分の様子がよく分かります。

(一部省略)

③ はいしているチームのコートの様子が分かります。多くの選手は、コートのルールを決めたりします。なにが分かるかが、コートのどちらか決めたりします。

(一部省略)

(3) アップとルーズのどちらで、細かい部分の様子がよく分かりますか。(20点)

(4) アップとルーズのどちらで、チームのコートの様子がよく分かりますか。(20点)

何台ものテレビカメラを、それぞれにアップとルーズを用意して、つたえたいことにあわせて、アップとルーズを切りかえながら放送をしています。

① 線②視線の、各選手の

(5)

② 線②視線の感じられる（　　）

③ の（　　）からは、どんなことが分かるや

（　　）では、アップとルーズのどちらを選んだら、はたらきやすいか、チームをアップで選んだ選手の様子。

（一つ10点）

文章の視線
71～82ページ

全部できたら✓

60点

39 完成テスト①
目標時間 30分

説明文の読みとり(2)
・だん落と要点「アップとルーズで伝える」

合かく 100点 80点 0点

●ふく習のめやす
まちがえたところは、本テスト・関連ドリルなどで、しっかりふく習しておこう！

とく点 100点

●文章の読解 71〜82ページ
関連ドリル

©くもん出版

★ 次の文章を読んで、下の問題に答えましょう。

※ □〜4はだん落番号です。

□ 広いはんいをうつすとり方を「ルーズ」といいます。(一部省略)ある部分を大きくうつすとり方を「アップ」といいます。何かを伝えるときには、このアップとルーズを選んだり、組み合わせたりすることが大切です。<u>アップとルーズでは、どんなちがいがあるのでしょう。</u>

2 <u>アップでとったゴール直後のシーンを見てみましょう。</u>ゴールを決めた選手が両手を広げて走っています。ひたいにあせを光らせ、口を大きく開けながら走る選手の様子がよく伝わります。身ぶりでよろこびを表しながら走る選手の様子がよく伝わります。

(1) 「ルーズ」と「アップ」の両方の説明をしているだん落はどれですか。 (15点)

□ のだん落

(2) 「アップとルーズでは、どんなちがいがあるのでしょう」は、どんな役わりを表していますか。合うものに○をつけましょう。 (15点)

ア( ) 問いかけ(ぎもん)の役わり。

イ( ) 筆者の考えをまとめる役わり。

ウ( ) 説明内よう(例)をしめす役わり。

(3) 「アップでとったゴール直後のシーン」から、どのような様子が伝わってきますか。 (20点)

〔　　　　　　　〕

えがちなので、アナウンサーは、それらのカメラでとらえたものを選んで、放送しています。目的におうじてアップとルーズを切りかえながら放送をしています。

４ それぞれのアップとルーズには、伝えられることと伝えられないことがあります。アップでとらえると、細かい部分の様子がよく分かります。でも、このとき、ほかの選手の様子や、各選手の顔つきや視線、それらから感じられる気持ちまでは、なかなか分かりません。一方、ルーズでとらえると、広い場面の様子がよく分かります。みなさんも、テレビなどで試合終了直後のシーンを見て

３ はじめに、コート全体に広がる選手の様子をアップでとらえます。（中略）アップでとらえると、細かい部分の様子がよく分かります。（中略）試合終了直後のシーンです。勝ったチームの選手たちが、よろこび合っています。

(4) ～線「アップでとらえます」とありますが、どんな様子が分かりますか。「細かい

(5) 「４」の□の中にあてはまる言葉を、から選んで○で表しましょう。(15点)
ア（　）　イ（　）　ウ（　）
ア 前の始めから、別の役わり。
イ 受けためたらきの内役わり。
ウ 言いかえれば、それぞれの役わり。

(6) ルーズとアップは、放送でどのように活用していますか。(20点)

40 完成テスト② ●目標時間 30分

説明文の読みとり（2）
・だん落と要点「『着るロボット』を作る」

合かく
100点 80点 0点

●ふく習のめやす
本テスト・関連ドリルなどで
しっかりふく習しようう！

とく点
／100点

関連ドリル
●文章の読解 71〜82ページ

© くもん出版

★ 次の文章を読んで、下の問題に答えましょう。

※ 1 〜 3 は、だん落番号です。

1 「マッスルスーツ」は、人工筋肉の力を借りて、重いものを持ち上げる働きをするロボットです。自分の力だけで持ち上げるときにくらべて、最大で三十キログラムの力を加えることができます。人工筋肉は、ゴムのチューブに空気を送ることによって、強い力でちぢむ仕組みになっています。着る人の体に合わせやすく、自由に動かせるように作りました。また、動かす力としてモーターではなく空気を使っているので、水にぬれてもだいじょうぶです。

(1) 「マッスルスーツ」は、どういうものですか。（ ）に合うことばを書きましょう。（一つ10点）

①（　　　　　　　　）の力を借りて

②（　　　　　　　　）を

持ち上げる働きをするロボット。

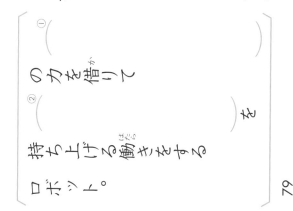

(2) 「人工筋肉」は、どのような仕組みになっていますか。（15点）

（　　　　　　　　　　　　　　）

(3) 1 のだん落の内ように合うほうに○をつけましょう。（15点）

ア（　）マッスルスーツの活用方法の説明。

イ（　）マッスルスーツの仕組みについての説明。

③

介護で世話をする人たちは、お年寄りを助けたり、病気や作業を助けたりする人の、工場や倉庫で働く人の説明がのべられています。「マッスルスーツ」は、どのように活用するでしょう。

「マッスルスーツ」は、介護される人の体にとりつけて、入浴するときなどに身体の機能を回復させて、その人が楽に身体を動かせるようになる道具です。

このことによって、介護される人が自分の力で動けるようになり、それを考えるための手助けができるようになります。

介護する側の人、つまり、介護される人を助けたりする人にとっても、大切です。「マッスルスーツ」を使うことによって、介護される人が少なくても、それを考えるための手助けができるようになるでしょう。

(4) 「マッスルスーツ」の、お年寄りの介護の活用する方法は

(5) 「介護される人が少ない」という使い方。
（20点）

たの手助けをすること。
介護される人が、「マッスルスーツ」を使って、お年寄りの介護の活用する方法があるということ。

(5) 筆者は、「介護される人が少ない」という使い方。
（15点）

ア 前の段落を受けて、その部分の説明をくわしくする役わり。（　　）

イ 例えをあげて、わかりやすく説明する役わり。（　　）

ウ 前の話とはちがう話題に変わり、考えをのべるための役わり。（　　）

(6) 上のア〜ウは、どのような役わりをはたしているでしょうか。合うものに○をつけましょう。
③の段落の、たの手助けをすること。
（15点）

80

⏱ 目標時間 30分

き本問題のチェックだよ。
できなかった問題は、しっかり学習してから
完成テストをやろう！

とく点　　　100点

● 文章の読解 85〜88ページ
関連ドリル

〈詩の内ようと様子を読みとる〉

1 次の詩を読んで、下の問題に答えましょう。

40点

全部できたら✓

文章の読解 85〜88ページ

忘れもの

入道雲にのって
夏休みはいってしまった
「サヨナラ」のかわりに
素晴らしい夕立をふりまいて

けさ　空はまっさお
木々の葉の一枚一枚が
あたらしい光とあいさつをかわしている

だがキミ！　夏休みよ
もう一度　もどってこないかな
忘れものをとりに

迷子のセミ
さびしそうな麦わら帽子
それから　ぼくの耳に
くっついて離れない波の音

(1) 上の詩は、どんな季節のことを表していますか。考えて書きましょう。（一つ10点）

① （　　　　　　　）が
すぎて

② （　　　　　　　）が
はじまっている。

(2) この詩の持ちように あてはまるものを、一つ選んで、○をつけましょう。（20点）

ア（　）人ではなく、けものによびかけている。

イ（　）それぞれの部分に分かれている。

ウ（　）同じことばのくり返しがある。

（令和2年度版 光村図書 国語 四
114・115ページより「忘れもの」高田敏子）

（平成27年度版 光村図書 国語 四上 かがやき 原田直友「はばたき」による 光村図書 四年上 92・93ページ）

2 次の詩を読んで、下の問題に答えましょう。

〈場面、詩の様子や気持ちを読みとる〉

一連

森は
はじめて小鳥が飛んで
ゆくのをみました
森は
はじめて小鳥が飛んで
ゆくのをみました
木々の小えだがすこし
ゆれて
森は「小鳥が飛んだ」と
いいました

二連

「おや」となにかに
気づいて
「まて　まて」とおおきな木が
えだをさしのべた
「まて」と「まて」と
あとからあとから
えだをさしのべて
不安げに鳴いている小鳥は
どこへゆくのか

三連

森は
はじめて小鳥が
とびさって
ゆくのをみました

---

(1) 次のとき、森はどんな様子でしたか。合う様子をえらんで、記号を書きましょう。(一つ10点)

① はじめて小鳥が飛びたったとき。

森は〔　　　〕

② うんとはじめて小鳥が飛びたったとき。

森は〔　　　〕

(2) 「小鳥が飛んだ」としましたは、小鳥のどんな気持ちを表していますか。合うものに〇を書きましょう。(一つ10点)

〔　　　　　〕した。

(3) 次の様子は、何連に書きぬきましょう。(一つ10点)

① あの様子はまりのよろこびですか。何連に
〔　　　〕連

② 気息をのむような空
〔　　　〕連

文章の読み取り 85～88ページ

全部できたら ◀

60点

合かく　100点　80点　0点
とく点　／100点

●文章の読解 85〜88ページ
関連ドリル
©くもん出版

1 次の詩を読んで、下の問題に答えましょう。

青い数字は、行数を表します。

忘れもの

1　入道雲にのって
2　夏休みはいってしまった
3　「サヨナラ」のかわりに
4　素晴らしい夕立をふりまいて

5　けさ 空はまっさお
6　木々の葉の一枚一枚が
7　あたらしい光とあいさつをかわしている

8　だがキミ! 夏休みよ
9　もう一度 もどってこないか
10　忘れものをとりに

11　迷子のセミ
12　さびしそうな麦わら帽子
13　それから ぼくの耳に
14　くっついて離れない波の音

(1) この詩のまとまりの中で、夏休みによびかけているまとまりはどこですか。そのまとまりのはじめの一行を書きましょう。(15点)

[　　　　　　　　　　]

(2) 十行目の「忘れもの」とは何を指していますか。合うものに○をつけましょう。(15点)

ア（　）「サヨナラ」のあいさつ。

イ（　）入道雲と素晴らしい夕立。

ウ（　）ぼくの耳に残っている波の音。

(3) 十二行目に「さびしそうな」とありますが、なぜさびしそうに見えるのですか。(15点)

[もう夏休みがすぎて、

　　　　　　　　　　　　から。]

(令和2年度版 光村図書 国語 四上
114・115ページより『忘れもの』高田敏子さん)

（平成27年度版　教育出版「ひろがる言葉　小学国語　四年上」92・93ページより）　原田直友「とり」

次の詩を読んで、下の問題に答えましょう。

森は　はじめて　小鳥が飛んだとき

一連

森は　はじめて　小鳥が飛んだとき
はじめて　小鳥が飛んだとき
木々は　そっと　枝をさしのべて
小鳥がとまりやすいように
してやりました

二連

小鳥が「こわい」とおびえて鳴いたとき
森は　木々を　ざわざわゆすって
「しんぱいないよ」と大きな手を広げて
小鳥を安心させてやりました

三連

森は　はじめて
小鳥が飛んだとき
はじめて　小鳥が飛んだとき
森は　　　　へおくりました

---

(1) 「一連」で、森はどんな様子がえがかれていましたか。（10点）

〔　　　　　　　　　　　　〕

(2) 「これ」とは、何に対する「安心」なのですか。（10点）

〔　　　　　　　　　　　　〕

(3) 次のように、小鳥を、それぞれあてはまる言葉を書きましょう。（一つ10点）

① 〔　　　〕小鳥。
② 〔　　　〕小鳥。

(4) 「森は　　　へおくりました」とありますが、森のどんな気持ちがわかりますか。（15点）

〔　　　　　　　　　　　　〕

仕上げテスト (1)

合かく 80点

100点 ……… 0点

とく点 ／100点

1 次の読み方をする漢字を□に書きましょう。 （1つ3点）

(1) がた
　ひ□し。
　新□に 県□。

(2) は（かる）
　時間を□る。
　重さを□る。

(3) はじ（め）
　年の□め。
　仕事□め。

(4) あつ（い）
　□い部屋の中。
　□い本。

85

2 ――線のことばを言い切りの形で書き、国語辞典に出ている順に□に番号を書きましょう。 （1つ4点、順番は全部できて4点）

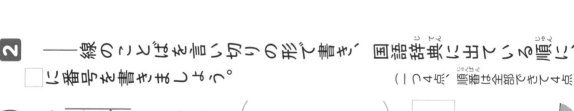

(1) 昔住んでいた町。（　　　）・□

(2) 前に進みなさい。（　　　）・□

(3) 氷の上をすべった。（　　　）・□

(4) はん画を刷ろう。（　　　）・□

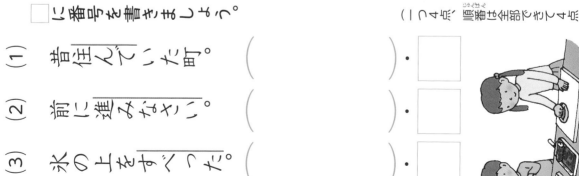

3 次の □ に合うことばを書きましょう。（一つ5点）

(1) 清（せい）そう □ の南の方角に、高い、たて物の □□ のたて物が見えます。その方角に高い、たて物が見えます。[あれ]は

（答えのマス）□□□□□

(2) □ の学校で、新しい教科書をもらった。[これ]に、自分

（答えのマス）□□□□□

4 〈 〉の意味になるように、読点（、）を1つつけましょう。（一つ5点）

(1) 〈兄を見送る〉
わたしは弟と兄を駅まで見送った。

(2) 〈妹がはやく見つける〉
妹ははやく飛びだした鳥を見つけた。

(3) 〈犬が楽しそう〉
男の子が楽しそうに走り回る犬と遊んでいる。

5 次のことばを、ローマ字で書きましょう。（一つ5点）

(1) 旅行

(2) 沖縄（おきなわ）

(3) 入学

(4) パン屋

44

⏱ 目標時間
30分

仕上げテスト(2) 「白いぼうし」

合かく
100点　80点　0点

とく点

100点

©くもん出版

★ 次の文章を読んで、下の問題に答えましょう。

もうすぐ、アクセルをふもうとした時、松井さんは、はっとしました。

（おや、車道のあんなすぐそばに、小さなぼうしが落ちているぞ。風がもうひとふきすれば、車がひいてしまうわい。）

松井さんは車から出ました。そして、ふわふわ053とぼうしをつまみ上げたとたん、ちょうが、ふわっと飛び出しました。

「おや。」

ちょうはひらひら高くまい上がると、なみ木の緑の向こうに見えなくなってしまいました。

「あれっ。」

もんしろちょうです。

あわてて、松井さんはぼうしをふり回しました。そんなちょうは、松井さんの目の前を、ひらひら、緑がゆれているやなぎの下に、白いぼうしが、おちています。

ちょこんとおいてあります。松井さんは車をとめて、ぼうしを…

(1) 松井さんは、何を見つけましたか。（一つ10点）

①（　　　）のそばに
落ちている、小さな

②（　　　）ぼうし。

(2) 「もんしろちょう」について、問題に答えましょう。

① 「もんしろちょう」は、どこにいたのですか。（15点）

（　　　　　　）

② なぜ、①の場所にいたのですか。（15点）

（　　　　　　）

「よいにおいの夏みかんですね。」

松井さんに、そう言われて、よい日の光をそめながら、もえるような色をまぶしくさせて、夏みかんはしんとおかれていました。

ちょっとすっぱいような、あまい、夏のにおいです。

松井さんは、運転席からあわてて取り出した、あの夏みかんを、この子にあげようと思いついたのです。

まだかすかに、あたたかい、よわよわしい鳴き声を聞きながら、松井さんはそっとアクセルをふみました。

小さな小さな生き物を、その手にのせて、松井さんは車を走らせていきました。

まるで、エンジンの音までが、やさしくひびいてくるようでした。

たけやぶのかげにとめておいたタクシーにもどると、さっきのおかっぱのかわいい女の子が、ちょこんと後ろのシートにすわっています。

（　　）

(3) 松井さんが　──　をしたのは、なぜですか。合うものに○をつけましょう。　　　（15点）

ア（　）女の子が知らないうちに、車を出していたから。

イ（　）女の子が分からないうちに、車をとめていたから。

(4) 夏みかん　の色を、どのように表していますか。　　　（15点）

（　　　　　　　　　　　　　　　）

の色。

(5) 松井さんは、よいにおいの夏みかんを、どうしておきましたか。　　　（20点）

（　　　　　　　　　　　　　　　）

もえるような色をまぶしくさせて、しんとおいた。

88

●この本では、文章の中のことばを正かくとらえているかをみています。にた言い方のことばで答えてもかまいません。

● ポイント は、考え方や注意点などです。答え合わせをするときに、いっしょに読みましょう。

●〈 　〉や※は、ほかの答え方です。

●（ 　）は答えに書いてもよいものです。

● 例 の答え方は、にた内ようが書かれば正かくです。

©くもん出版

1 1・2ページ **三年生のふく習(1)**

1 (1) 花が・さいた
(2) 子どもたちが・集まっ た。
※上が主語 下が述語。

2 (1) 集めます (2) 返す
(3) 開かない (4) 発表しましょ う

3 (1) 深・消・注 (2) 係・使・仕

4 (1) 苦しい 苦るしい (2) 重ねる 重さねる

5 (1) sakura (2) hûsen

(3) rappa (4) hon'ya

(5) byôin

ポイント

ローマ字の書き方や線のはばに決 まりはないよ。

2 3・4ページ **三年生のふく習(2)**

★ (1) 人間の言うことにしたがう
(2) カム〈来こ〉・ダウン〈ふせろ〉・
シット〈すわれ〉
※順じょはちがってもよい。
(3) 例 活発な動物である犬にとって
次の命令まで動かないでいるの
は、つらいことだから。
(4) イ に○

(5) だんになっている所・電柱
※順じょはちがってもよい。
(6) ア に○
(7) 自動車が走ってくる所で、わざ
と「ゴー」(進め)と命令し、命令
どおりに進むと自動車とぶつか
りそうになるという訓練
(8) ①…⑤
②人を安全にみちびく訓練

3 5・6ページ 書本テスト① **漢字の読み書き(1)**

1 (1) {く わ かにう } (2) {あ た きゅく } (3) {か なら ひょう }

2 (1) 札 (2) 末 (3) 夫 (4) 欠 (5) 成 (6) 沖

3 (1) 夫 (2) 加 (3) 辺 (4) 必

4 (1) 氏名 (2) 以上 (3) 民話 (4) 未来
(5) 茨城 (6) 不足 (7) 重要 (8) 成功
(9) 司会

4 7・8ページ 書本テスト② **漢字の読み書き(1)**

1 (1) {つ め・ひ さ・れ い }

2 (1) 印 (2) 府 (3) 老 (4) 群 (5) 仲
(6) 兆 (7) 好

3 (1) 冷 (2) 周 (3) 包 (4) 富 (5) 伝 (6) 争

4 (1) 共通 (2) 衣服 (3) 号令 (4) 固定
(5) 灯台 (6) 付近 (7) 各地 (8) 印刷

5　完成テスト①　漢字の読み書き①（9・10ページ）

1
(1) 浴びる
(2) 初め
(3) 低い
(4) 結ぶ
(5) 治める
(6) 改める

2
(1) 加える
(2) 伝える
(3) 必ず
(4) 失う
(5) 冷たい
(6) 争う

3
(1) 以・衣
(2) 刷・札

4
(1) 令・冷
(2) 仲・沖
(3) 静・省・成
(4) 府・付
(5) 未・末・夫
(6) 民・氏

6　漢字の読み書き②（11・12ページ）

1
(1) { はし / ほ }
(2) { しょう }
(3) { ゆうき / もと }

2
(1) { よと / もと }
(2) …

3
(1) 初
(2) 芸
(3) 良
(4) 折
(5) 束
(6) 約

4
(1) 大臣
(2) 改
(3) 完成
(4) 努力
(5) 児童
(6) 兵隊
(7) 取材
(8) 愛媛
(9) 位置
希望
低
求

7　漢字の読み書き②（13・14ページ）

1
(1) { なお / お }
(2) { はたら / ろうどう }
(3) { ちょうし / せつ }

2
(4) 果
(5) 芽

3
(1) 松
(2) 結
(3) 治
(4) 管
(5) 別
(6) 浴

4
(1) 英語
(2) 利用
(3) 直径
(4) 苦労
(5) 方法
(6) 働
(7) 協力
(8) 季節

8　完成テスト②　漢字の読み書き②（15・16ページ）

1
(1) 浴びる
(2) 初め
(3) 低い
(4) 結ぶ
(5) 治める
(6) 改める

2
(1) …

3
(1) 約・役
(2) 管・別・分

4
(1) 完
(2) 管
…

9　漢字の読み書き①（17・18ページ）

1
(1) 打つ
(2) 球
(3) 完
(4) 折る
(5) 求める
(6) 管

2
(1) { たけ / たん }
(2) { れい / えが }
(3) { だ… }

3
(1) 折・打
(2) 求・球
(3) 完・管
(4) 径・軽・働・動
(5) 節・箱・季・委

4
(1) 栄養
(2) 例
(3) 底
(4) 梨
(5) 鹿
(6) 香
(7) 牧場
(8) 新潟
(9) 記念
(10) 目的
昨年
軍隊
卒業
健康
辞典
海底
建

10　漢字の読み書き③（19・20ページ）

1
(1) …
(2) …
(3) …

2
(1) { はぶく / しょう }
(2) { ぶじ }

3
(1) 浅
(2) 残
(3) 変
(4) 案
(5) 飛
(6) 信
(7) 訓
(8) 害

4
(1) 説明
(2) 単位
(3) 会議
(4) 課題
(5) 便利
(6) 天候
(7) 反省
祝
勇
変
那

11 完成テスト 21・22ページ 漢字の読み書き(3)

1 (1)残る (2)栄える (3)挙げる (4)勇ましい (5)例えば (6)祝う

2 (1){ 希 / 季 (2){ 代 / 変

3 ○{ 定・低 / 底

4 (1){ 便 / 使 (2){ 単 / 巣 (3){ 健 / 建 (4){ 功 / 切 (5){ 祝 / 初 (6){ 昨 / 作

12 基本テスト① 23・24ページ 漢字の読み書き(4)

1 (1){ おび / ほうたい (2){ れら / れんきゅう (3){ しろ / じょうかまち

2 (1)梅 (2)差 (3)孫 (4)熊 (5)席

3 (1)借 (2)帯 (3)笑 (4)連 (5)敗

4 (1)生徒 (2)材料 (3)倉庫 (4)岡山 (5)貨物 (6)道徳 (7)年賀 (8)機械

13 基本テスト② 25・26ページ 漢字の読み書き(4)

1 (1){ もくひょう / せいと (2){ さ / かんかく

2 (1)栄 (2)産 (3)住 (4)茨 (5)案 (6)票 (7)副 (8)街

3 (1)清 (2)覚 (3)最 (4)参

4 (1)右側 (2)生産 (3)風景 (4)失敗 (5)合唱 (6)給食 (7)大陸 (8)南極 (9)目標

14 完成テスト 27・28ページ 漢字の読み書き(4)

1 (1)借りる (2)清らか (3)覚える (4)笑う (5)好む (6)最も

2 (1){ 特 / 徳 (2){ 標 / 票

3 ○{ 功・候 / 康

4 (1){ 科 / 料 (2){ 位 / 泣 (3){ 係 / 孫 (4){ 度 / 席 (5){ 結 / 給 (6){ 副 / 福

15 基本テスト① 29・30ページ 漢字の読み書き(5)

1 (1){ みまんぞく / … (2){ て / しょうめい

2 (1)塩 (2)量 (3)愛 (4)順 (5)飯 (6)散 (7)焼 (8)無

3 (1)続 (2)戦 (3)照

4 (1)井戸 (2)自然 (3)夕飯 (4)散歩 (5)岐阜 (6)満員 (7)速達 (8)試験 (9)滋賀 (10)博物館

16 基本テスト② 31・32ページ 漢字の読み書き(5)

1 (1){ えら / せんしゅ (2){ やしな / えいよう

2 (1)旗 (2)種 (3)億 (4)積 (5)輪 (6)鏡 (7)熱

3 (1)静 (2)熱 (3)願 (4)養

4 (1)奈良 (2)関係 (3)記録 (4)器官 (5)競走 (6)面積 (7)選挙 (8)種類 (9)観察 (10)漁業

© くもん出版

17 完成テスト 漢字の読み書き(5) 33・34ページ

1
(1)続く (2)静か (3)続く

2
(1)願う (2)養う (3)照らす (4)照り (5)戦う

3
○

4
(1)飯 飲 (2)輪 軽 (3)旗 期 (4)唱 松 (5)量 料
(6)積 録 総 (種)

5
低い (笑う)

18 テスト 国語辞典と漢和辞典のつかいかた(1) 漢和辞典の使い方(1) 35・36ページ

1
(1)変わる

2
(1) (2) (3)
(一) (3) (2)
(2) (一) (一)

3
(1)選ぶ (2)置く (3)笑う
(一) (2) (3)
(4)
(3) (2) (一)
(3) (2) (一)

4
(1)⑦ (2)⑦ (3)⑦ (4)⑦
(三)…⑦ (四)…⑦ (一)…⑦

5
(1)B・3 (2)曽・8

19 テスト 文・だん落の組み立て(1) ことばの組み立て(1) 37・38ページ

1
(1)姉は (2)人 (3)

2
(1)見る (2)回る (3)とどく
(1)絵 (2)きむ (3)歩く
(4)勉強する

3
オ エ カ

4
(1)中学生の (2)サッカーに (3)が
好きだ

(2)花が

20 完成テスト 文・だん落の組み立て(1) 国語辞典と漢和辞典の使い方(1) 39・40ページ

1
(1)祝う (2)投げ (3)着る
(1) (2) (3)
(2) (4) (3)
(3) (一) (2)

2
(1) (2)
(一) (4)
(4) (2)
(3) (3)

3
(1)大きな (2)つ (3)
(一) (2)
(2) (3)
(3) (一)

4
(1)つ
(一)
(2)
(3)

5
(1)大きな (3)
① ② 前 ④
(2)雨が ④ はえた
(3)姉は 作った
(1)
(2)
(3)

21 テスト ことばのきまり(2) 41・42ページ

2
(1)これ (2)あの (3)その (4)どの
(5)あの (6)その (7)どの (8)あの
(9)その (10)どの

3
(1)たしかめ (2)見つけ (3)ひろった
すがたが 大きく たしかに
木のえだを たくさん 図書館の 鳥の

4
(1)母はり たくさんの (3)
本を借りた 宮沢賢治の 友達の家へ。
(2)果して 図書館で借り
実は ただけ 木の えだのした

22 テスト ことばのきまり(2) 43・44ページ

1
(1)共 (2)両 (3)方 (4)共 (5)方

2
(1)散り (2)方 (3)方 (4)変わらない
に から あった

3
カ・ウ・ア
(3)ますた (4)いろいろな言い方
学校でした
○

4 (1)氷 (2)鉄 (3)チーター
(4)あらし に ◯

23 基本テスト③ 45・46ページ ことばのきまり(2) ・句読点と符号

1 (1)(2)昨日、～行きました。～人た
ちが、～こました。
　田中君は、～見て、
　「すごいなあ。」
と言って、おどろいていました。

2 (1)(2)(3)(4)(5) ── ㋐ ㋑ ㋒ ㋓ ㋔

3 (1)～帰って、朝顔の～。妹は、花が～。
(2)～遊んでいたら、雨が～。～持
てこなかったので、大きな～。

4 (1)わたしは、姉と母のために～。
(2)わたしは、姉と、母のために～。

5 (1)兄が友達と、学校の～。
(2)わたしは静かに、よせる～。

24 完成テスト 47・48ページ ことばのきまり(2) ・いろいろな言い方・句読点と符号

1 (1)黄色の花(のもと)
(2)大きな細長い実

2 (1)母が、姉と～。(2)弟は急に、～。

3 (1)次の電車がおくれるそうだ。
(2)この問題集は、むずかしいそうだ。
(3)今度の日曜日は、晴れるそうだ。

4 (1)もみじのような (2)だきのように
(3)雪のような (4)ゆめのような
(5)ぐんのような

25 基本テスト 49・50ページ ことばのきまり(3) ・ローマ字

1 (1)き-あき-かき (2)め-うめ-ゆめ
(3)た-いた-した

2 (1)しんぶん (2)じてん (3)しょくじ
(4)こっぷ (5)たいよう (6)ほんや
(7)れんしゅう (8)とうきょう

3 (1){ ( ) / (◯) } (2){ (◯) / ( ) }
(3){ ( ) / (◯) / ( ) } (4){ (◯) / ( ) / ( ) }

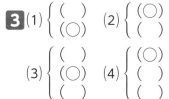

4 (1) ringo
(2) kettei
(3) dôbutuen
※「dôbutsuen」でもよい。
(4) gakkyûkai

26 完成テスト 51・52ページ ことばのきまり(3) ・ローマ字

1 (1)非常口 表紙 広島 発車 ── ㋐ ㋑ ㋒ ㋓
(2)長野 年表 入場 ねん料 ── ㋐ ㋑ ㋒ ㋓

2 (1)ア に◯ (2)ウ に◯

3 (1)きつつき (2)じょうぎ
(3)がっしょう (4)きゅうしゅう
(5)はっぴょうかい (6)しゅじゅつ
(7)きんようび (8)しょうがっこう

27 テキスト本さつ 53・54ページ
作文・話題の書き方(1)

1 (1) ア (2) ①月曜日に ②ピクニック

2 (1) ①水の重さ ②（2階だん）に
(3) ①低い ②高い音

28 完成テスト 55・56ページ
作文・話題の書き方(1)

★ (1) ①（ウ）に ②①に ※反対でもよい。
(2) イ・エ（に）
(3) ①（イ）に ②（ウ）に
(4) 例 大きな氷を入れて冷やしてのむ。
(5)（だ）

29 テキスト本さつ 57・58ページ
作文・文章の書き方(2)

1 (1) じょう水場 (2) う・お ※反対でもよい。
(3) よ (4) ③

2 (1) ゆう便局 (2) ③・④
(3) ①大きな形 ②先別
に

30 完成テスト 59・60ページ
作文・文章の組み立て(2)

★ (1) ア に
(2) ①（ウ）に ②最初〈頭〉
(3) 例 たくさん落ち葉が休めますし、
木かげもできて、木の下はすずしくて
(4) ウ に
(5) ②、 ③、 ④

31 テキスト本さつ 61・62ページ
物語・場面の様子の読みとり(1)

★ (1) 三年生 〈先生〉
(2) ①お母さん〈お母〉
(3) ①お母さん〈お母〉
(4) ①位
(5) 終わったところ
(6) イ に

32 完成テスト 63・64ページ
物語・場面の様子の読みとり(1)

★ (1) ①ピンポーンと
(2) ②ブザーが鳴った
(3) 気にとび出した
(4) ウ に 気にとび出したしゅん間
(5) ②出し出しが入ったから。
(6) ア に

33 テキスト本さつ 65・66ページ
物語・人物の気持ちの読みとり(2)

★ (1) 例 ①ガラスの先生を五、六人
六人 物語
(2) イ に
(3) ①ピューと五、
(4) ターンに。
(5) 音を左右にふった。
(6) うしろから右に飛んでいった。
真っ青な青空に応かけて、いっしゅんに、
ようすはからだけにひろがっていきました。

4
(1) gakki
(2) wagomu
(3) syôtengai ※「shôtengai」でもよい。
(4) pan'ya
(5) kyôkasyo ※「kyôkasho」でもよい。
(6) Hokkaidô ※「HOKKAIDÔ」でもよい。

34 完成テスト① 67・68ページ 物語の読みとり(2) ・人物の気持ち

★ (1)①走って ②ゆっくり(のんびり)
(2)イ に○
(3)例運動が苦手だから。
(4)例空を見るため。
(5)イ に○
(6)つばさを広げて飛んできたような(、青い空)

35 完成テスト② 69・70ページ 物語の読みとり(2) ・人物の気持ち

★ (1)①くりや松だけ ②お礼 ③神様
(2)ウ に○
(3)例いたずらに来た(と思った)。
(4)火縄じゅう(じゅう・鉄ぽう)
(5)例おどろいて、びっくりして、ぶんに目を落とした。
(6)例いつもくりをくれたのが、ぶんだったこと。
(7)イ に○

36 きほんテスト 71・72ページ 説明文の読みとり(1) ・文章の内ようと組み立て

★ (1)(すぐに)水中にしずむ。
(2)一 (3)①油 ②ぬって
(4)①もどう ②おし上げている
(5)例足の先が水をはじくようになっているから。
(6)二

37 完成テスト 73・74ページ 説明文の読みとり(1) ・文章の内ようと組み立て

★ (1)①はり ②一円玉
(2)例水面がくぼんでいる様子。
(3)例油がターをうすくぬってからべる。

38 きほんテスト 75・76ページ 説明文の読みとり(2) ・だん落と要点

★ (1)①広こ ②部分 (2)イ に○
(3)細かこ部分の様子
(4)分かりません。
(5)①顔つき ②気持ち

39 完成テスト① 77・78ページ 説明文の読みとり(2) ・だん落と要点

★ (1)二 (2)ア に○
(3)全身でよろこびを表しながら走る選手の様子。
(4)うつされていない多くの部分。
(5)イ に○
(6)例目的に応じてアップとルーズを切りかえながら放送している。

40 完成テスト② 79・80ページ 説明文の読みとり(2) ・だん落と要点

★ (1)①人工筋肉 ②重いもの
(2)ゴムのチューブに空気を送ることによって、強い力でちぢむ仕組み。
(3)イ に○
(4)例(お年寄りの)入浴などのお世話をするときに身に着ける
(5)例(ねたきりのお年寄りなど)動けない人が自分で動けるようになる
(6)ウ に○

41 基本テスト 81・82ページ 詩の読みとり

1 (1)①夏 ②秋 (2)ア に○

2 (1)①しこん ②はくしゅがっさい

(2)うれしさ・不安

※反対でもよい。

(3)①三 ②一

42 完成テスト 83・84ページ 詩の読みとり

1 (1)だがキミー 夏休みよ

(2)ウ に○

(3)例かぶってもらえない

2 (1)例しごとをしずまった様子。

(2)例はじめて飛ぶこと。

(3)①(「心配しないで」と)やさしく からだをだいてやった。

②(「さあ おとび」と)ぽんと つきはなした。

(4)例よろこんでいる気持ち。〈祝福している気持ち。〉

43 仕上げテスト(1) 85・86ページ

1 (1){潟 形 (2){計 量 (3){初 始 (4){暑 熱

2 (1)住む・3 (2)進む・一 (3)すぐる・2 (4)刷る・4

3 (1)高いえんとつ (2)新しい教科書

4 (1)わたしは弟と、兄を駅まで見送った。

(2)妹はすばやく、飛びさった鳥を見つけた。

(3)男の子が、楽しそうに走り回る犬と遊んでいる。

5 (1) ryokô

(2) Okinawa

※「OKINAWA」でもよい。

(3) nyûgaku

(4) pan'ya

44 仕上げテスト(2) 87・88ページ

★(1)①車道 ②白い

(2)①例白いぼうしの下。

②例だれかが、ぼうしでもんしろちょうをつかまえたから。

(3)イ に○

(4)まるであたたかい日の光をそのままそめつけたようなみごとな色でした。

(5)例にがしてしまったので、そのかわりにあげたと思ったから。

© くもん出版